The ninth edition
of the Best of
European Design
and Advertising
from the Art
Directors Club of
Europe 2000

WILLKOMMEN

BEGROETEN

WILLKOMMEN

WELKOM

FÁILTE

BENVENUTO

BIENVENIDO

VÄLKOMMEN

WILLKOMMEN

This book sets out to provide an inspiring tour of the very best in design and advertising from right across Europe. The authority and integrity of the selection is the result of a very special collaboration which lies at the heart of the Art Directors' Club of Europe or ADCE, as it is known.

ADCE is a not-for-profit organisation, which brings together all the eleven leading professional creative associations of Europe, representing in total over 10,000 individual practitioners. Each national body runs its own country's pre-eminent Award Scheme. Through ADCE these top honours are brought together under one roof.

On Saturday 10th June, the 2000 ADCE jury – a panel of 44 top creatives (four from each country) met at London's Design Council to make their selection. From a total of 300 pieces of work, they awarded 6 ADCE Gold's as well as the coveted Grand Prix. The complete archive is displayed in this book, country by country, with the awards featured in the opening section.

ADCE was founded in 1990 and continues to grow and thrive. Over the last year the Czech Republic and Portugal have joined the initiative. A European Student of the year programme has also been established with the top prize awarded to Dutch student, Roel Mos. The winning work and the runners-up are featured towards the back of the book. ADCE has also launched its own website, as a portal for the creative associations of Europe. Take a look on www.eurocreative.net

PRESID
ENTS

STATEM
ENT

MARTI
N
N

SPILLM

ANN

The Toughest Award in the World.

Billy Wilder once said: "Awards are like haemorrhoids: sooner or later any asshole will get them."

And it's true, especially in advertising and design. With roughly a dozen new awards schemes entering the fray each year – from best punctuation to fastest language, to most unintentionally funny ads – for every genre and every individual there is a shiny trophy. The cynic in us all has to wonder whether the real winners are the organisers, whose main motivation is to win friends and influence their bank accounts.

There is one noble exception. More than fifty thousand pieces of work in eleven European countries are subjected to an increasingly tough grilling each year. First, they are judged by their national Art Directors' clubs, or equivalents, a process that netted 300 Gold and Silver medals in 21 categories this time. These were then submitted to the 44 judges of the Art Directors' Club of Europe. After heated debate, all but 37 entries had evaporated. The surviving 7 percent were deemed prize material, but finally only 6 made it to Gold, and one to the Grand Prix.

Based on this year, and an estimate of the entries to all national award programmes across Europe, I calculate the odds of winning an ADCE Award at about 1 in 15,000. Even Billy Wilder would have to admit these Awards are the exception to the rule.

Martin Spillmann **ADCE President**

JURY

ANDREAS BERGER
GGK VIENNA, AUSTRIA

BEN CASEY
THE CHASE, UK

DAGAN COHEN
OZOL (PART OF LOWE LINTAS), NETHERLANDS

PASQUALE DIAFERIA
GREY INTERACTIVE, ITALY

SIMONE FENNEL
SWITZERLAND

OSCAR FUENTES
YTERBORN & FUENTES, SWEDEN

BOB GRAY
DESIGN FACTORY, IRELAND

MARIO MANDACARU
MAIS DESIGN, PORTUGAL

BARBRO OHLSON, CHAIRMAN
RMI BERGHS, SWEDEN

MARC PANERO
BASE BCN, SPAIN

CHRISTIEN VAN YZENDOORN
COCOON, CZECH REPUBLIC

STEFAN ZSCHALER
LEAGAS DELANEY, GERMANY

SIMON ANHOLT
WORLD WRITERS, UK

ROBERTO BATTAGLIA
D'ADDA LORENZINI, ITALY

MATHIAS JAHN
JUNG VON MATT, GERMANY

DAVID KESTER, CHAIRMAN
BRITISH DESIGN & ART DIRECTION, UK

TIM MUDIE
DDFH&B/J. WALTER THOMPSON, IRELAND

UWE SCHLUPP
PUBLICIS, SWITZERLAND

PATRIK SEHLSTEDT
TBWA, SWEDEN

NELSON SINEM
Z. PUBLICIDADE, PORTUGAL

BILL STONE
LEO BURNETT PRAGUE, CZECH REPUBLIC

KRIJN VAN NOORDWIJK
LABORATORIVM, NETHERLANDS

GERT WINKLER
TALE FILMS VIENNA, AUSTRIA

JURY

PAVLA BURGETOVA
STILLKING FILMS PRAGUE, CZECH REPUBLIC

DR. MARKUS ENZI
AMMIRATI PURIS LINTAS, AUSTRIA

ANDRÉ KEMPER
SPRINGER & JACOBY, GERMANY

RICK LENZING
CELLUSION FILMS, NETHERLANDS

FRANCO MORETTI CHAIRMAN
LEO BURNETT, ITALY

WALTER RÜEGG
RÜEGG WERBUNG, SWITZERLAND

MAURIZIO SALA
ARMANDO TESTA, ITALY

ANGEL SANCHEZ
BASSAT OGILVY & MATHER, SPAIN

PELLE SJÖNELL
HOLLINGWOTH/MEHROTRA, SWEDEN

ALEX TAYLOR
PAUL WEILAND FILM COMPANY, UK

JORGE TEIXEIRA
EURORSCG PUBLICIDADE, PORTUGAL

MEMB
ERS
OF
ADCE

AUSTRIA
CREATIV CLUB AUSTRIA
KOCHGASSE 34/16
VIENNA 1080
TEL: + 43 1 408 53 51
E-MAIL: cca-buero@eunet.at

CZECH REPUBLIC
ADC CZECH REPUBLIC
V JIRCHARICH 8
110 00 - PRAHA 1
CZECH REPUBLIC
TEL: + 4202 24918188

GERMANY
ART DIRECTORS CLUB FÜR
DEUTSCHLAND
MELEMSTRASSE 22
60322 FRANKFURT AM MAIN
TEL: +49 69 596 4009

IRELAND
INSTITUTE OF CREATIVE ADVERTISING &
DESIGN
C/O THE PICTURE CO.
37-39 FITZWILLIAM SQUARE
DUBLIN 2, IRELAND
TEL: + 353 1 605 3716

ITALY
ART DIRECTORS CLUB ITALIANO (ADCI)
VIA SANT'ORSOLA 1
20123 MILANO
TEL: +39 02 804 633
E-MAIL: adci@essai.it

THE NETHERLANDS
WG PLEIN 504
AMSTERDAM 1054 SJ
TEL: +31 20 685 0861
E-MAIL: adcn@adcn.nl

PORTUGAL
CLUBE DE CRIATIVOS
DE PORTUGAL (CCP)
R. MÁRIO CASTELHANO, 40
QUELUZ DE BAIXO
2749-502 BARCARENA
PORTUGAL
TEL: +351 21 436 95 00

SPAIN
ADG.FAD
CONVENT DELS ÀNGELS,
PLACA DELS ÀNGELS, 5-6
BARCELONA 08001 SPAIN
TEL: + 34 93 443 75 21
E-MAIL: hola@adg-fad.org

SWEDEN
SVERIGES REKLAMFÖRBUND
(THE ADVERTISING ASSOCIATION OF
SWEDEN)
NORRLANDSGATAN 24
BOX 1420
111 84 STOCKHOLM
TEL: +46 8 679 08 00

SWITZERLAND
ART DIRECTORS CLUB SCHWEIZ
OBERDORFSTR. 15
ZÜRICH 8001
TEL: +41 1 262 00 33
E-MAIL: adc@bluewin.ch

UK
BRITISH DESIGN & ART DIRECTION
9 GRAPHITE SQUARE
VAUXHALL WALK
LONDON SE11 5EE
TEL: +44 20 7840 1133
E-MAIL: info@dandad.co.uk

BOARD
OF
DIRECT
ORS

PRESIDENT
MARTIN SPILLMANN SWITZERLAND

TREASURER
JOHANNES NEWRKLA AUSTRIA

CONTROLLER
DAVID KESTER UK

JOHANNES NEWRKLA AUSTRIA
MICHAL PACINA CZECH REPUBLIC
OTHMAR SEVERIN GERMANY
HANS - JOACHIM BERNDT GERMANY
SIOBHAIN BUNNI IRELAND
FRANCO MORETTI ITALY
FRANS LAVELL THE NETHERLANDS
PEDRO FERREIRA PORTUGAL
PABLO MARTÍN SPAIN
BARBRO OHLSON SWEDEN
MARTIN SPILLMANN SWITZERLAND
DAVID KESTER UK

ADMIN
IST
RATION

ART DIRECTORS CLUB OF EUROPE
9 GRAPHITE SQUARE
VAUXHALL WALK
LONDON SE11 5EE
TEL: + 44 20 7840 1133
FAX: + 44 20 7840 0840
EMAIL: tracy@dandad.co.uk
WEB: www.eurocreative.net

ADCE CO-ORDINATOR
TRACY BREEZE

CLUB CO-ORDINATORS
HANS GEORG FEIK AUSTRIA
EDGAR HORCIC CZECH REPUBLIC
MARTINA ENGERT GERMANY
ELLY KOSZYTORZ GERMANY
VALERIE RYAN IRELAND
ALDO GUIDI ITALY
SANNE KORF DE GIDTS THE
NETHERLANDS
MARIA DE LURDES FERREIRA
PORTUGAL
XAVIER ROIG SPAIN
PIA TEGBORG SWEDEN
HELEN MÜLLER SWITZERLAND

CONTE NTS

1 Grand Prix

Grand Prix   TV & Cinema Advertising - Cinema Commercial
National Award Gold **Title** Surfer **Agency** Abbott Mead Vickers.BBDO **Client** Guinness **Director** Jonathan Glazer **Copywriter** Tom Carty **Art Director** Walter Campbell **Creative Director**
Peter Souter **Producer** Nick Morris **Agency Producer** Yvonne Chalkley **Editor** Sam Sneade **Lighting Camera** Ivan Bird **Music Composer/Arrangers** Neil Barne, Paul Daley
Music Consultant Peter Raeburn **Sound Designer** Johnny Burns **Post Production** The Computer Film Company **Production Company** Academy

GOOD THINGS COME TO THOSE WHO WAIT.

Gold

1 **Gold** TV & Cinema Advertising - Cinema Commercial
National Award Silver **Title** Bet On Black **Agency** Abbott Mead Vickers.BBDO **Client** Guinness **Creative Director** Peter Souter **Art Director** Walter Campbell **Copywriter** Tom Carty
Director Frank Budgen **Producer** Paul Rothwell **Production Company** Gorgeous **Agency Producer** Yvonne Chalkley **Lighting Camera** Peter Biziou **Editor** Paul Watts
Post Production The Mill **Music Composer/Arranger** Antar Daly

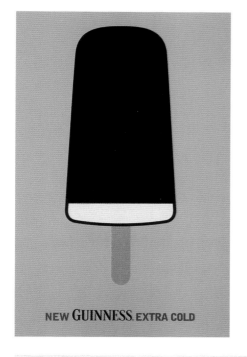

NEW **GUINNESS** EXTRA COLD

NEW **GUINNESS** EXTRA COLD

NEW **GUINNESS** EXTRA COLD

NEW **GUINNESS** EXTRA COLD

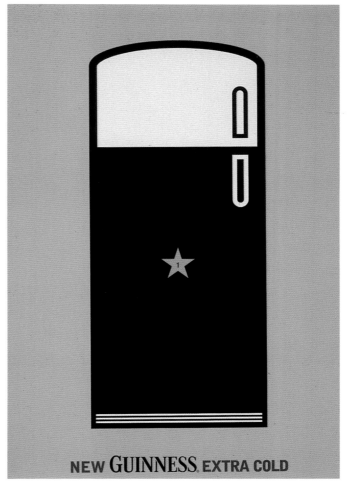

NEW **GUINNESS** EXTRA COLD

2 **Gold Posters - Poster Advertising**
National Award Silver **Title** Lolly/Fire Bucket/Fan/Iceberg/Fridge **Agency** Abbott Mead Vickers.BBDO **Client** Guinness **Art Director & Copywriter** Jeremy Carr **Illustrator** Jon Rogers
Typographer Brian McHale **Creative Director** Peter Souter **Advertising Agency** AMV.BBDO

3 **Gold   Posters - Public Service/Charity**
National Award Silver **Title** Che Guevara **Agency** Manne & Co **Client** Save the Children **Creative Director** Oscar Bård **Art Director** Oscar Bård **Copywriter** Peter Laurelli
Illustrator Annelie Karlsson

4   **Gold**   **Promotion**
National Award Silver **Title** Army Mixed Media Campaign **Agency** Saatchi & Saatchi **Clients** The Army/COI **Art Director** Duncan Marshall **Copywriter** Howard Willmott
Creative Director David Droga **Illustrator** Jasper Goodall **Typographer** Scott Silvey **Film Director** Paul Gay **Film Producer** Jason Kemp **Production Company** Outsider
Set Designer Mark Lavis **Lighting Camera** Paul Gay **Agency Producer** Sally-Ann Dale **COI Producers** Barbara Simon, Brian Jenkins **Editor** Piers Douglas **Sound Engineer** Adam West

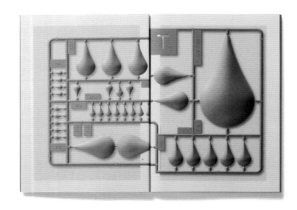
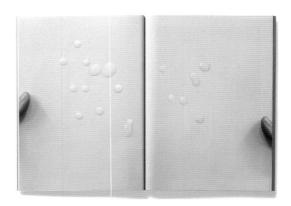

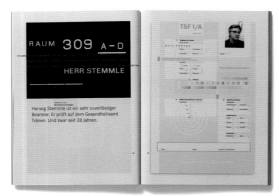

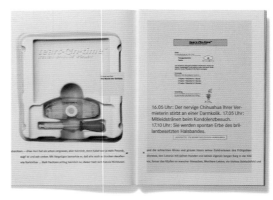

5
Gold

5 **Gold   Graphic Design - Annual Reports, Catalogues, Calendars etc**
National Award Silver **Title** Millennium Brochure "Tearful" **Agency** Jäger & Waibel **Client** Jäger & Waibel **Creative Directors** Achim Jäger, Peter Waibel
Art Directors Achim Jäger, Marcus Wichmann **Copywriters** Peter Waibel, Marcus Wichmann, Silke Maser, J.W. v. Goethe **Designer** Marcus Wichmann **Photographer** Valentin Wormbs
Illustrator Marcus Wichmann

A guide to preserving the last teardrop of the old century for eternity.

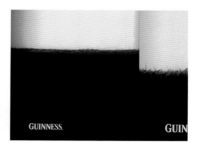
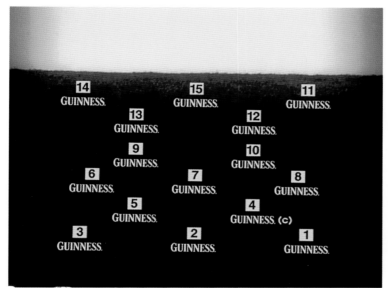

Gold

6 **Gold   Graphic Design - TV Graphics (max 3 mins)**
National Award Silver **Title** Rugby World Cup Sponsorship Credits **Agency** Abbott Mead Vickers.BBDO **Client** Guinness **Art Director** Rob Oliver **Directors** Stuart Hilton, Ian Cross
Editor Art Jones **Lighting Camera** Tim JM Green **Production Company** Picasso Pictures **Producer** Richard Price **Copywriter** Rob Oliver

AUST
RIA

Nomination

1   **Nomination - Editorial**
National Award Silver   **Title** Swizz Music Television   **Agency** Weber, Hodel, Schmid,   **Client** Swizz Music Television   **Creative Team** Beat Egger, Peter Kaimer, Andreas Putz
Launch campaign for a new TV Music Channel in Switzerland.

2   **Print Advertising - Newspaper Advertising**
National Award Silver   **Title** Bosom   **Agency** Demner, Melicek & Bergmann   **Client** Creditanstalt   **Creative Director** Johannes Krammer   **Art Director** Kerstin Heymach
Copywriter Gerda Schebesta   **Photographer** Markus Rössle   **Graphics** Radomir Jedrasiak
"30 years from now you'll regret a lot of things." Hopefully your retirement plans won't be among them. CA-Investment funds. Creditanstalt, the bank for success.

3

4

3 **Print Advertising - Newspaper Advertising**
National Award Gold **Title** Retirement planning "Help, I'm going to be 26!" **Agency** Demner, Merlicek & Bergmann **Client** Bank Austria AG **Creative Director** Karin Kammlander
Art Director Deborah Hanusa **Copywriter** Helge Haberzettl **Photographer** Stephan Doleschal **Graphics** Antonia Demmer-Martschin

"Help, I'm going to be 26!" Plan for tomorrow today and get a bonus of up to ATS 620, - already for 1999.

4 **Print Advertising - Magazine Advertising**
National Award Silver **Title** Retirement Planning - "Bosum/Tattoo/Alligator" **Agency** Demner, Merlicek & Bergmann **Client** Creditanstalt **Creative Director** Johannes Krammer
Art Director Kerstin Heymach **Copywriter** Gerda Schebesta **Photographer** Markus Rössle **Graphics** Radomir Jedrasiak

"30 years from now you'll regret a lot of things." Hopefully your retirement plans won't be among them. CA-Investment funds. Creditanstalt, the bank for success.

5

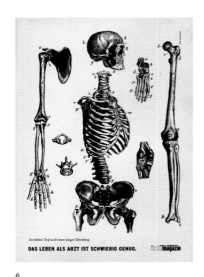
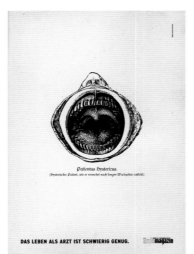
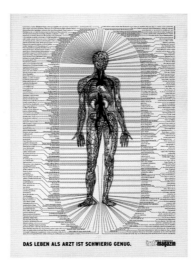
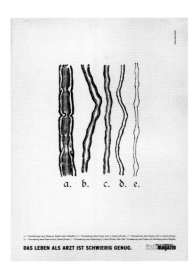

6

5 **Print Advertising - Magazine Advertising**
National Award Silver **Title** The Fascination Campaign **Agency** Scholz & Friends Berlin **Client** RTL Television **Creative Directors** Lutz Plümecke, Martin Krapp
Art Directors Oliver Seltmann, Lutz Plümecke **Copywriters** Oliver Handlos, Martin Krapp, Raphael Püttmann **Photographer** Niko Schmid-Burgk

6 **Print Advertising - Trade Advertising**
National Award Silver **Title** Short and Sweet **Agency** Weber, Hodel, Schmid, **Client** Manstein Verlag **Creative Team** Andreas Putz, Peter Kaimer, Christian Hummer-Koppendorfer

1) Shattered physician 2) Patient 3) Nerves 4) Nerves of a physician

7

8

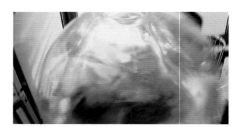

7 **TV & Cinema Advertising - Television Commercial**
National Award Silver **Title** ORF tax.....Universum/Kaisermühlenbluse/Vera **Agency** Demner, Merlicek & Bergmann **Client** ORF **Creative Director** Dr. Harry Bergmann
Art Director Hubert Goldnagl **Agency Producer** Waltraud Broz **Film Director** Ulrich Seidl **Production Company** Neue Sentimental

8 **TV & Cinema Advertising - Television Commercial**
National Award Gold **Title** Love Games/Hangover **Entrant** Bárci & Partner **Client** Gasteiner Mineralwasser GmbH **Creative Director** Marco de Felice **Art Directors** Wien Nord,
Marco de Felice **Copywriters** Wien Nord, Andreas Putz **Agency Producers** Marco de Felice, Wien Nord, Markus Mazuran **Film Director** Michael Bindlechner
Production Company Frames Vienna

"Pure life, Pure Water", Gasteiner Kristallklar.

9

9 **TV & Cinema Advertising - Cinema Commercial**
National Award Silver **Title** Predigt 1 & 2 **Entrant** Barci & Partner/Young & Rubicam **Client** Hitradio Ö3 **Creative Director** Marco de Felice **Art Director** Bernhard Grafl
Copywriter Andrea Barth **Film Director** Heinz Brandner **Production Company** One World Production

10 **Posters - Poster Advertising**
National Award Silver **Title** Vienna Festival 1999 **Entrant** Demner, Merlicek & Bergmann **Client** Vienna Festival **Creative Director** Mariusz Jan Demner
Art Directors/Copywriters Alexander Krempler, Roman Breier **Photographer** Jork Weismann **Graphics** Alexander Krempler

Teaser 1: "Go if you want to." (also means"anyone can go.") Teaser 2: "Go if you want to." (also means "anyone can go.")
Solution for 1 & 2: "Go if you want to. Anyone can go. Viennese Festival 1999."

11

12

Pat.-No. 378 1999 ($ε$)
Regressions-Kissen

Geeignet zur Rückführung in die eigene Kindheit.
Beim Aufblasen werden Erinnerungen an den
Vorgang des Gesäugt-Werdens und die eigene
Mutter freigesetzt. Verwendbar zur Einstimmung
auf das sietheaterfestival „Pandora 99" mit dem
Themenschwerpunkt „Mütter und Töchter".
(Di 2.2. bis Sa 6.3.1999, dietheater Konzerthaus,
1030 Wien, Lothringerstraße 20.)
Von Kleinkindern fernhalten.

11 Posters - Poster Advertising
   National Award Gold **Title** Paint Palette **Agency** Ogilvy & Mather Frankfurt **Client** Kodak **Creative Directors** Thomas Hofbeck, Stephan Vogel **Art Director** Marco Weber

12 Promotion - Mailings
   National Award Gold **Title** Pandora 1999 **Entrant** Büro X Design **Client** dietheater **Creative Director** Günter Eder **Art Director** Günter Eder **Copywriter** Andreas Putz
   Designer Günter Eder **Illustrator** Thomas Hofer

   Pandora is a festival with acts and performances by women, of women.

13

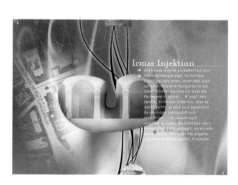

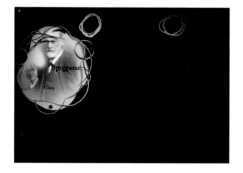

14

13 Promotion - Mailings
  National Award Silver **Title** Satt 1 **Entrant** Gerhard Bauer, Matthias Heise **Client** Satt 1 **Creative/Art Directors** Gerhard Bauer, Matthias Heise

  SATT 1- A temporary restaurant.

14 Interactive Media - Distributed Media (CD ROMs, DVDs etc)
  National Award Silver **Title** Sigmund Freud "Archaeology of the Unconscious" **Entrant** Nofrontiere Design **Creative Director** Alexander Szadeczky **Art Directors** Etienne Mineur,
  Peter Turtschi, Ulf Harr **Copywriters** Oscar Habermaier, Kathie Tietz **Designers** Sabine Kleedorfer, Florian Koch **3D - Animator** Marcus Salzmann

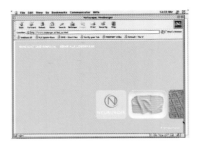

15

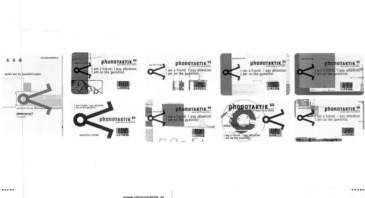
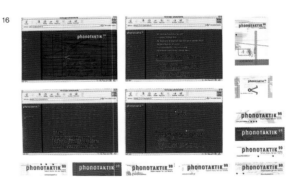
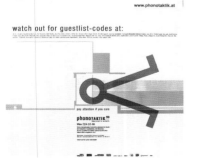

16

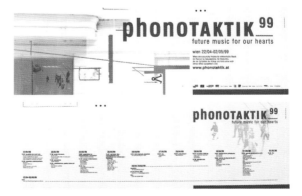

15 **Interactive Media - Internet**
National Award Silver **Title** Homepage **Entrant** Haslinger, Keck. **Client** Hermann Neuburger **Creative Director** Patsy Köppel-Haslinger **Art Director** Peter Schmid
Copywriter Patsy Köppel-Haslinger **Designer** Martin Märzinger **Photographer** Robert Striegl **Design Group** Bit Pilots

http://www.neuburger.at

16 **Graphic Design - Corporate Identity**
National Award Gold **Title** Phonotaktik 99 **Entrant** 3007 **Client** Kunstverein Off **Creative Directors/Art Directors** Eva Dranaz, Susi Klocker
Designers Eva Dranaz, Jochen Fill, Irene Höth, Susi Klocker **Design Group** 3007

17

18

17 Graphic Design - Annual Reports, Catalogues, Calendars etc
National Award Silver **Title** 21st Century Motel **Entrant** Büro X Design **Client** 21st Century Motel **Creative Design/Director** Florian Ribisch **Art Director/Illustrator** Florian Ribisch
21st Century Motel/Partyflyer.

18 Packaging
National Award Gold **Title** B1 + C1 **Entrant** Sigi Mayer **Client** Mayr-Stritzinger Bakery **Creative Director** Sigi Mayer **Art Director** Sigi Mayer **Copywriter** Norbert Tomasi
Designer Sigi Mayer **Photographers** Gerhard Merzeder, Albert Handler **Design Group** Sigi Mayer "Orange"

Pfirsichbrand
Burgenland

Vogelbeerbrand
Osttirol

Apfelbrand
Unterkärnten

Kirschbrand
Burgenland

Dirndlbrand
Mostviertel

**Bandnudeln mit
Knoblauch** / Leithagebirge

**Bandnudeln mit
Kräutern** / Leithagebirge

**Blütenhonig mit
Gebirgsblumen** / Alpen

**Blütenhonig
mit Akazie** / Semmichtal

19

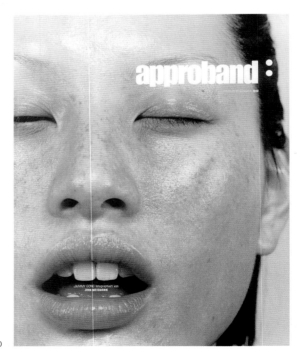

20

19 **Packaging**
National Award Silver **Title** Culinarium Oesterreich **Entrant** Cordula Alessandri **Client** Culinarium Oesterreich **Creative Director** Cordula Alessandri **Art Director** Cordula Alessandri
Designer Katja Müller **Design Group** Alessandri

Culinarium Oesterreich represents the best regional gourmet specialities from Austria (the design concept integrates typical pictures of Austrian landscapes and poems from famous Austrian poets of the past).

20 **Editorial**
National Award Gold **Title** Approband **Entrant** Alex Kellas **Creative Director** Alex Kellas **Art Director** Wiener Variante **Copywriter** Norbert Tomasi

22

21 **Editorial**
National Award Silver **Title** Persönlich Switzerland **Agency** Demner, Merlicek & Bergmann **Client** Persönlich **Creative Director** Ernst Baechtold **Art Director** Ernst Baechtold
Graphic Designers Antonia Demmer-Martschin, Stela Pancic **Photographer** Bernhard Angerer **Copywriters** Ernst Baechtold, Jan Fröscher, Franz Merlicek, Ingeborg Frauendorfer, Helge Haberzettl, Hedi Bauer, Angelo Peer, Mariusz Jan Demner

22 **Illustration & Photography - Illustration**
National Award Silver **Title** Gaudi Radler (Zitrone, Holunderblüte, Himmbeere) **Agency** Demner, Merlicek & Bergmann **Client** Stieglbrauerei zu Salzburg GmbH
Creative Director Karin Kammlander **Art Director** Elke Zellinger **Designer** Elke Zellinger **Illustrator** Thomas Paster

23

24

25

25 Illustration & Photography - Photography
National Award Silver **Title** Levis **Entrant** Markus Roessle **Client** Levis **Art Director** Ela Unseld **Photographer** Markus Roessle

33

Austria

CZEC
H REP
UBLIC

2

1 **Nomination Print Advertising - Newspaper Advertising**
National Award Silver **Title** Champions! **Agency** Young & Rubicam Praha. **Client** Nike **Creative Director** Daniel Ruzicka **Art Directors** Miroslav Pomikal, Radek Rytina
Copywriter Ondrej Húbl

2 **Print Advertising - Newspaper Advertising**
National Award Silver **Title** Buttons **Agency** MARK BBDO **Client** Economia **Creative Director** Michal Pacina **Art Directors** Andy Arghyrou, Ronald Stefka, Tereza Zítková
Copywriters Martin Holub, Jiri Janousek, Martin Prikryl, Michal Pacina **Photographer** Tony Gresek

'Enter' Deciding means knowing; 'On' Your basic capital; 'Save' Nobody can take away what you've got in your head; '+' To influence future, orientate yourself in the present.

3

4

3 **Print Advertising - Magazine Advertising**
National Award Silver **Title** The Step/The Revolutionary/The Manual/The Monster **Agency** Leo Burnett Advertising, Praha **Client** UDV - Johnnie Walker Red Label
Creative Director Bill Stone **Art Director** Marian Kolev **Copywriter** Jirí Pleskot

Someone has to set the standard.

4 **Print Advertising - Magazine Advertising**
National Award Silver **Title** Tento Czech Open **Agency** Soria&Grey **Client** Tento (producer of toiler paper) **Creative Director** Oliver Lippo **Art Director** Marcelo Coutinho
Copywriter Darlan Moraes jr. **Photographer** Tána Hojcová

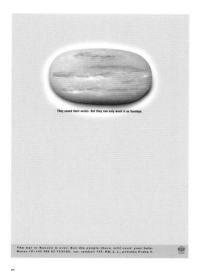 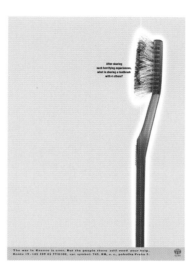 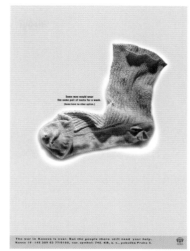 

5

6

5 Print Advertising - Public Service/Charity
National Award Silver **Title** Soap/Toothbrush/Socks/Toilet Paper **Agency** Ogilvy & Mather **Client** ADRA **Creative Director** Petr Bucha **Art Directors** Peter Chan, Tereza Sediva
Copywriters Petr Bucha, Hana Sassmannová **Photographer** Studio ASA

1) They saved their necks. But they can only wash it on Sundays. 2) After sharing such horrifying experiences, what is sharing a toothbrush with 4 others? 3) Some men would wear their socks for a week. (Some have no other option.) 4) There are things even more difficult to split between a family of 5 than a slice of bread. The war in Kosovo is over. But the people there still need your help.

6 TV & Cinema Advertising - Television Commercial
National Award Silver **Title** Fish **Agency** Leo Burnett Advertising, Praha **Client** Vitana **Creative Director** Cal Bruns **Art Director** Lester Tullet **Copywriters** Jessica Lehrer, Martin Charvát **Agency Producer** Ivanka Bohuslavová **Film Director** Jorn Haagen **Director of Photography** Ben Seresin **Production Company** Production International

'Vitana' instant soup warms you up on the inside.

7   **TV & Cinema Advertising - Television Commercial**
National Award Silver   **Title** Golf   **Agency** Euro RSCG New Europe   **Client** RadioMobil   **Creative Director** Dejan Stajnberger   **Art Directors** Dejan Stajnberger, Zeljko Gajic
Copywriters Ana Vehauc, Jirí Hubácek   **Agency Producer** Veronika Sabová   **Film Director** Michal Baumruck   **Director of Photography** Michal Baumruck
Production Company Stillking Films

8   **Posters - Poster Advertising**
National Award Silver   **Title** Elephant   **Agency** Saatchi & Saatchi   **Client** Toyota Motors, a.s.   **Creative Director** Eda Kauba   **Art Directors** Branislav Blaas, Barbora Novotná
Copywriter Barbora Novotná   **Designer** Alena Foustková   **Photographer** Roman Kelbich

9

10

9 **Interactive Media - Internet**
National Award Silver **Title** GO Jezisku, go; Vánocní Kampan Eurotel **Agency** Leo Burnett Advertising, Praha **Client** EuroTel **Creative Director** Bill Stone **Art Director** Rudolf Bock
Copywriters Jirí Pleskot, Jitka Srbová **Designer** Rudolf Bock

Go Santa, go.

10 **Graphic Design - Annual Reports, Catalogues, Calendars etc**
National Award Silver **Title** Calendar ZOO Praha 2000 **Entrant** FABRIKA reklamni agentura **Client** Zoo Praha **Creative Director** Miro Lukác **Art Director** Michal Cihlár
Photographers K. Cudlín, G. Fárová, V. Fyman, O. Kavan, Rostislav a Zlatuse, P. Ruzicková, H. Slavík, V. Stanko, V. Stross, M. Svolík, R. Vano, P. Zupník **Illustrator** Michal Cihlár

39 _Czech Republic_

GER
MANY*

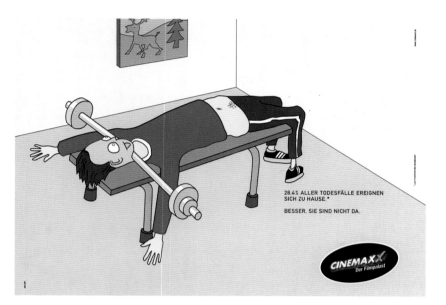

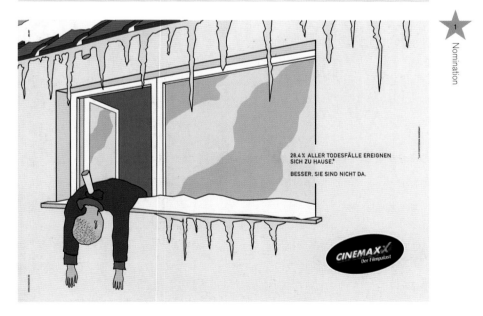

1 **Nomination   Print Advertising - Magazine Advertising**
National Award Gold **Title** Cinemaxx Image Campaign **Agency** Jung von Matt Werbeagentur **Client** H.J Flebbe Filmtheater GmbH & Co **Creative Directors** Stefan Zschaler,
Roland Schwarz **Art Directors** Melanie Landwehr, Thim Wagner **Copywriters** Sebastian Hardieck, Niels Alzen **Illustrator** Roland Schwarz

DUMB BELL AND WINDOW: "28.4% of all fatalities occur at home. It's better if you're not there!". TV: "55.4% of all television sets go wrong between 6pm and 10pm. It's better if your not
there."

28.4% ALLER TODESFÄLLE
EREIGNEN SICH ZU HAUSE.

BESSER. SIE SIND NICHT DA.

Nomination

Nomination

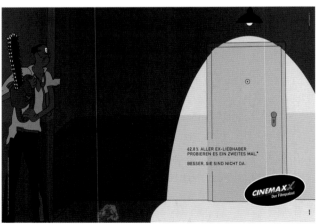

2 **Nomination   TV & Cinema Advertising - Television Commercial**
National Award Gold **Title** Cinemaxx TV Commercial "Drill Machine" **Agency** Jung von Matt Werbeagentur **Client** H.J. Flebbe Filmtheater GmbH & Co **Creative Directors** Stefan Zschaler, Roland Schwarz **Copywriter** Niels Alzen **Agency Producer** Sandra Niessen **Film Director** Roland Schwarz **Production Company** Trickompany - Thorsten Lehmann Werbefilmproduktion

28% of all power drills kill. In this case the DIY man's neighbour. His armchair is situated in an unlucky position against the wall between the two flats joining wall. When the drill is used, it goes through the wall and straight into his head. The moral of the story? don't stay at home go to Cinemaxx instead.

3 **Nomination   Posters - Poster Advertising**
National Award Silver **Title** Cinemaxx Image Campaign **Agency** Jung von Matt Werbeagentur **Client** H.J. Flebbe Filmtheater GmbH & Co **Creative Directors** Stefan Zschaler, Roland Schwarz **Art Directors** Melanie Landwehr, Thim Wagner **Copywriters** Sebastian Hardieck, Niels Alzen **Illustrator** Roland Schwarz

HAND BASIN : "28.4% of all fatalities occur at home. It's better if you're not there!" LOVER: "62.8% of all former lovers try to make it work a second time. It's better you're not there."

4 **Nomination   Posters - Poster Advertising**
National Award Silver **Title** Nike Posters "Berlin City Attack Signs" **Agency** Aimaq·Rapp·Stolle **Client** Nike International **Creative Director** André Aimaq
Design Director Lars Oehlschlaeger **Copywriter** Oliver Frank **Designer** Alexander Flug

1) Please keep ball close to foot: The German wording of this headline in officialese resembles public signs throughout parks reminding visitors to: "Please leash your dog." 2) No Bottles allowed on field: The German wording of this headline in officialese resembles public signs throughout parks reminding visitors to: "please leash your dog." 3) Foul at your own risk: This is an alteration of the common warning sign found at construction sites. "Enter at your own risk." The German word for "foul" ("Treten") differs only by the prefix from the word "enter" ("Betreten").
4) No swallows allowed: In German, the word for the bird "swallow" ("Schwalbe") also describes a player trying to trick the ref into giving his team a free kick or a penalty shot by taking a dive without having been fouled (i.e. flying through the air like a swallow). The wording of the sign alludes the common "No dogs allowed." - sign with the substitution of dogs with swallows.
5) Please keep gateway clear day and night: As the German word for goal ("Tor") is the same as the word for gateway, the meaning of the headline is equivalent to keeping the area in front of the goal clear at all times. Signs with a similar wording are usually attached to private, public gate and driveways throughout the city. 6) Feed only with leather: The German wording of this headline has a close resemblance to signs telling people": No feeding the animals", the word "leather being a synonym for "ball". Having been attached to public fenced-in football playgrounds in Berlin, the sign is reminiscent of those on cages in zoos.

5 **Nomination   Promotion**
National Award Silver **Title** Tom's Saloon Sticker **Agency** Jung von Matt Werbeagentur **Client** P.I.T. The New Generation **Creative Director** Roland Schwarz **Art Director** Marcel Fässler
Copywriter Jan Kesting

The promotion for Tom's Saloon, a gay bar in Hamburg: yellow circles are stuck to the ground in a 50-meter radius around Tom's Saloon. In order to read the extremely small print on the sticker; one has to bend over. "Yes, stay exactly the way you are!!! Tom's Saloon for Gays - only 50 meters away."

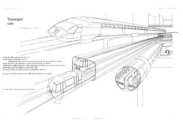

★ 6

Nomination

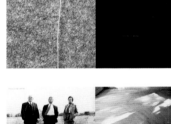

★ 7

Nomination

Germany

6   Nomination   Editorial
National Award Gold **Title** Business Magazine "Brand eins" No.1 **Agency** Meiré und Meiré **Client** Brand eins Verlagsgesellschaft mbH Hamburg **Creative Director** Mike Meiré
Art Directors Alice Weigel, Monika Schmidt

7   Nomination   Editorial
National Award Silver **Title** Business Magazine "Brand Eins" No. 2 **Agency** Meiré und Meiré **Client** Brand eins Verlagsgesellschaft mbH Hamburg **Creative Director** Mike Meiré
Art Directors Alice Weigel, Monika Schmidt

44

9

Die Zukunft des Automobils 1923: Mercedes-Benz führt den Kompressor-PKW ein.

Die Zukunft des Automobils 1954: Mercedes-Benz führt die Benzineinspritzung ein.

Die Zukunft des Automobils 1978: Mercedes-Benz führt das Antiblockiersystem ein.

8 **Nomination   Illustration & Photography - Photography**
National Award Gold **Title** Mercedes - Benz Ad Campaign "Brand Mission" **Agency** Springer & Jacoby Werbung GmbH **Client** DaimlerChrysler AG **Creative Directors** Stephan Ganser, Hans-Jürgen Lewandowski **Art Director** Dirk Haeusermann **Copywriter** Nuria Pizan **Designer** Frauke Ofterdinger **Photographers** Eberhard Sauer, Udo Titz, Markus Rössle, Stefan Indlekofer, Tommaso Sartori, Jackie Nickerson

9 **Print Advertising - Newspaper Advertising**
National Award Silver **Title** Mercedes-Benz Special supplement - "Brand Mission" **Agency** Springer & Jacoby Werbung GmbH **Client** DaimlerChrysler AG **Creative Directors** Stephan Ganser, Hans-Jürgen Lewandowski **Art Director** Dirk Haeusermann **Copywriter** Nuria Pizan **Designer** Frauke Ofterdinger **Photographers** Eberhard Sauer, Udo Titz, Markus Rössle, Stefan Indlekofer, Tommaso Sartori, Jackie Nickerson

Title: The Future of the Automobile.
Page 4/5: The future of the automobile in 1923: Mercedes - Benz launches the compressor engine: Page 8/9: The future of the automobile in 1954: Mercedes- Benz launches the fuel injection engine. Page 12/13: The future of the automobile in 1978: Mercedes- Benz launches the antilock brake system.

10 Print Advertising - Newspaper Advertising
National Award Silver **Title** Sixt Ad "Aldi Bag" **Agency** Jung von Matt an der Isar **Client** Sixt GmbH & Co. Autovermietung KG **Creative Director** Oliver Voss
Art Directors Holger Bultmann, Tomas Tulinius **Copywriter** Cornelia Blasy **Photographer** Alexander Walter

An ad for Sixt rent a car on the day the dividends for stockholders was announced. Headline: "Attention shareholders: Probably the most inconspicuous way to take this year's dividends home." (It's a joke about Steffi Graf's father who used to carry his daughter's prize money around in brimming plastic bags - to avoid the tax inspectors).

11 Print Advertising - Newspaper Advertising
National Award Silver **Title** FAZ Campaign "There is always a clever mind behind it" **Agency** Scholz & Friends Berlin **Client** Frankfurter Allgemeine Zeitung
Creative Directors Sebastian Turner, Petra Reichenbach **Art Director** Julia Schmidt **Designers** Hans-Jürgen Gaeltzner, Appel Grafik Berlin **Photographer** Alfred Seiland

1) Hilmar Kopper, CEO of Deutsche Bank, who goofed by calling DM 50.000.000 "Peanuts," on top of a peanut container in Georgia, USA. 2) Helmut Kohl, the former German Chancellor, who pushed the Euro through, on a ship, called "Europe".

12

13

12 **Print Advertising · Newspaper Advertising**
National Award Silver **Title** Capital Image Campaign - "Capital readers begin here" **Agency** KNSK, Slagman **Client** Gruner & Jahr WirtschaftsPresse **Art Director** Tim Krink
Copywriter Catrin Rohr

13 **Print Advertising · Magazine Advertising**
National Award Silver **Title** FAZ Campaign "There is always a clever mind behind it." **Agency** Scholz & Friends Berlin **Client** Frankfurter Allgemeine Zeitung
Creative Directors Sebastian Turner, Petra Reichenbach **Art Director** Julia Schmidt **Designers** Hans-Jürgen Gaeltzner, Appel Grafik Berlin **Photographer** Alfred Seiland

1) Erich Sixt, German Car-Rental Tycoon, on a children's roundabout.2) Roland Berger, management consultant to smokestack industries on top of a smokestack. 3) Wolfgang Schäuble, member of Parliament (in his wheelchair) on the ramp of the new glass dome of the Reichstag in Berlin.

Germany

47

14

15

14 Print Advertising - Magazine Advertising
National Award Silver **Title** Sixt Campaign **Agency** Jung von Matt an der Isar **Client** Sixt GmbH & Co. Autovermietung KG **Creative Director** Oliver Voss **Art Directors** Alexander Stehle, Petra Schindel, Lars Kruse, Mathias Lamken, Holger Bultmann, Tomas Tulinius **Copywriters** Cornelia Blasy, Marco Leone, Till Hohmann, Hans Neubert **Photographer** Andreas Burz

1) This ad was printed with just 30% of the usual Sixt rent a car colour, reminding rental customers of their unhealthy complexion and offering a cheap cure: "If you are this pale: " Rent a convertible from Sixt." 2) At long last, an advert that finally exposes the inner life of the typical Sixt rent a car customer. Headline: "The male brain". The largest regions being responsible for "sex" and "driving". Slightly less developed are areas such as "the posing and bragging gland" and "the sucking-in-beer gut reflex"- entirely lacking in "directional control when urinating". 3) An ad for Sixt rent a car. Headline. "Hire a Testarossa." (the overlaid handwriting means: "Make your will") the two sentences are similar in German.

15 Print Advertising - Magazine Advertising
National Award Silver **Title** Bild Zeitung Campaign in Stern **Agency** Jung von Matt Werbeagentur **Client** Axel Springer Verlag **Creative Directors** Bernhard Lukas, Stefan Meske **Art Directors** Oliver Grandt, Thomas Pakull **Copywriters** Alexandra Weczerek, Joachim Funk **Copywriters** Kay Eichner, Michael Ohanian

Anyone with something important to say avoids long sentences.

Die Zukunft des Automobils 1886: Karl Benz erfindet das Automobil.

Die Zukunft des Automobils 1967: Mercedes-Benz führt die Sicherheitslenksäule ein.

Die Zukunft des Automobils 1936: Mercedes-Benz führt den Diesel-PKW ein.

Die Zukunft des Automobils 1999: Mercedes-Benz führt den Abstandsregeltempomat ein.

16

17

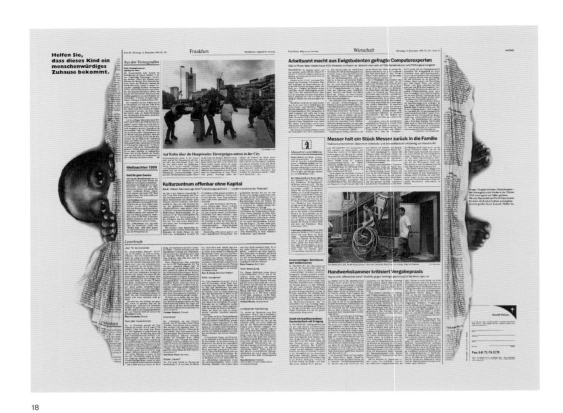

18

19

18 Print Advertising - Public Service/Charity
National Award Gold **Title** World Vision ad - "Street Kid" **Agency** TBWA Werbeagentur GmbH **Client** World Vision Deutschland e.V. **Creative Director** Karsten Frick
Art Director Dirk Bugdahn **Copywriter** Hadi Geiser **Photographers** Matthias Stalter, Ursula Meissner **Marketing** Wolfgang Eisert
Please help us get this kid off the street.

19 Print Advertising - Public Service/Charity
National Award Silver **Title** World Vision ad "Hunger" **Agency** Springer & Jacoby Werbung GmbH **Client** World Vision Deutschland e.V. **Creative Directors** Arno Lindemann,
Stefan Meske **Art Director** Florian Grimm **Copywriter** Amir Kassaei **Photographer** Michel Comte
Hunger. Calcutta - Addis Adera - Harare - Khartoum. Photograph by Michel Comte for World vision. Donations to acc no. 7101 120, Bank code 512 500 00. www.worldvision.de/hunger

20

21

20 **TV & Cinema Advertising - Television Commercial**
National Award Gold **Title** Motorola TV Commercial "Dog" **Agency** Springer & Jacoby Werbung GmbH **Client** Motorola Deutschland/ Deutsche Telekom Mobilnet GmbH
Creative Directors Stephan Ganser, Hans-Jürgen Lewandowski **Art Director** Katja Knoblich **Copywriter** Nuria Pizan **Agency Producer** Natascha Teidler **Film Director** Christian Aeby
Production Company Glass Film GmbH Filmproduktion

A man is looking for his ringing mobile. Meanwhile his dog is watching him with interest. Suddenly the man has a suspect: Indeed, the handy is so small that his little dog swallowed it.

21 **TV & Cinema Advertising - Television Commercial**
National Award Silver **Title** Mercedes Benz E-class TV Commercial "Love Affair," **Agency** Springer & Jacoby Werbung GmbH **Client** DaimlerChrysler AG **Creative Directors** Jan Ritter,
Torsten Rieken **Art Director** Mathias Stiller **Copywriter** Walter Schütz **Agency Producer** Petra Prelle **Film Director** Fabrice Carazo **Production Companies** Markenfilm GmbH & Co. KG.,
The Gang Films

A wife and her husband succeed in betraying each other thanks to the E-Class with 4MATIC.

22

23

22 **TV & Cinema Advertising - Television Commercial**
National Award Silver **Title** Mercedes Benz A-class TV Commercial "Skater" **Agency** Springer & Jacoby Werbung GmbH **Client** DaimlerChrysler AG **Creative Directors** Jan Ritter,
Torsten Rieken **Art Director** Torsten Rieken **Copywriter** Jan Ritter **Agency Producer** Natascha Teidler **Film Director** Philippe Dussol **Production Companies** Markenfilm GmbH+Co. KG,
The Gang Films

Thanks to Brake Assist an approaching A-class is not the end of a travelling skateboarder.

23 **TV & Cinema Advertising - Television Commercial**
National Award Silver **Title** Consors TV Campaign "Mr. Nice" **Agency** Jung von Matt am Main **Client** ConSors Discount - Broker AG **Creative Directors** Mike Ries, Oliver Kessler
Art Directors Marilu Schenk, Jan Ehlbeck **Copywriter** Oliver Kessler **Agency Producer** Hanna Stüven **Film Director** Martin Schmid

"Today one does not trade shares via a bank but via the Internet. The campaign shows an investor who is thinking about trading direct. Logically, not in the set language of a traditional financial
services spot, but unashamedly direct, brash and real. Perhaps not particularly nice or likeable, but all the more, credible".

28.4 % ALLER TODESFÄLLE EREIGNEN SICH ZU HAUSE.

BESSER. SIE SIND NICHT DA.

24

Bonsoir.

bitte der Zeitung.

25

24 TV & Cinema Advertising - Cinema Commercial
National Award Gold **Title** Cinemaxx Cinema commercial "Drill Machine" **Agency** Jung von Matt Werbeagentur **Client** H.J. Flebbe Filmtheater GmbH & Co.
Creative Directors Stefan Zschaler, Roland Schwarz **Copywriter** Niels Alzen **Agency Producer** Sandra Niessen **Production Company** Trickompany Thorsten Lehmann Werbefilm
production **Film Director** Roland Schwarz

28% of all power drills kill. In this case the DIY man's neighbour. His armchair is situated in an unlucky position against the wall between the two flats joining wall. When the drill is used, it goes
through the wall and straight into his head. The moral of the story? don't stay at home go to Cinemaxx instead.

25 TV & Cinema Advertising - Cinema Commercial

National Award Silver **Title** Gauloises Cinema Commercial "Café de Paris" **Agency** Kolle Rebbe Werbeagentur GmbH **Client** British-American Tobacco (Germany) GmbH
Creative Director Stefan Kolle **Art Director** Erik Hart **Copywriters** Albrecht Tiefenbacher, Judith Stoletzky **Agency Producer** Moritz Merkel **Film Director** Matthias Zentner
Director of Photography Sebastian Milaszewski **Production Company** Velvet Mediendesign GmbH, München **Music** Blunck & Will, Hamburg

This mind teaser from Gauloises Blondes confronts the audience with a seemingly simple task: Watch carefully and be prepared to answer a question about what you saw. Also be prepared
for some weirdness and in difference to real life for a second chance.

26

27

26 **TV & Cinema Advertising - Cinema Commercial**
National Award Silver **Title** Komtel Cinema Commercial "Terrier" **Agency** Klaar Kiming **Client** KomTel **Creative Director** Peer Hartog **Art Director** Katja Hildebrandt
Copywriters Jan Hertel, Peer Hartog **Film Director** Robin Willis **Director of Photography** William F. While **Production Companies** Gap films, Crash films

An idyllic rural landscape, until the farmyard dog decides it's a good day to look for a partner. First the farmyard dog goes for the farmer's leg, then a cow, then the "beware of the dog" sign and finally granny's vacuum cleaner. But it is not what he's after. "Enough of trying out" is the comment. "KomTel's arrived".

27 **Posters - Poster Advertising**
National Award Silver **Title** Kraft Ketchup Poster "Bite" **Agency** Ogilvy & Mather Frankfurt **Client** Kraft Jacobs Suchard, Bremen **Creative Directors** Bernd Lange, Gregor Seitz
Art Director Minh Khai Doan **Copywriter** Jörg Petermann **Photographer** Thomas Strogalski

28

29

30

31

30 **Posters - Poster Advertising**
National Award Silver **Title** Astra - Image Campaign **Agency** Philipp und Keuntje GmbH **Client** Bavaria - St.Pauli - Brauerei Hamburg **Creative Director** Hartwig Keuntje
Art Director Katrin Oeding **Copywriters** Matthias Harbeck, Jana Liebig **Photographers** Chon Choi, Alexandra Klever, Werner Hinniger **Production Manager** Anja Söhlke

1) Serving suggestion Astra. Got a problem with that? 2) Find the deliberate mistake Astra. Got a problem with that? 3) With Astra, it costs a pound more. Astra. Got a problem with that?
4) You and your world. Astra. Got a problem with that? (It's a persiflage of a big popular fair called "you and your world.")

31 **Promotion**
National Award Silver **Title** Kawasaki POS-Video "The Singing Ninja" **Agency** TBWA Webeagentur GmbH **Client** Kawasaki Motoren GmbH **Creative Director** Cristoph Klingler
Art Directors Boris Schwiedrzik, Athanassios Stellatos, Philip Borchardt **Production Company** avf Mediadesign, Berlin

To touch the motor - cyclists' hearts even at Christmas, a special Christmas tree could be seen in the showrooms of the Kawasaki service and sale centres: a flashing Ninja ZX-9R, interpreting
the Christmas song "Silent Night, Holy Night," in an inimitable way.

32

33

32 Promotion
National Award Silver **Title** The taz-blackmail campaign **Agency** Scholz & Friends Berlin **Client** taz **Creative Directors** Sebastian Turner, Stefanie Knöll

A daily newspaper "Tageszeitung" needed more subscriptions in order to survive. To achieve this goal the paper started blackmailing its readers each week: 300 new subscriptions or one of the "Tageszeitung's key quality characteristic goes? for one day. For example: no more cutting headlines no more criticism a light-version "taz" no more independence: the blue-blooded "Saturday taz" is to be put up for adoption by the nobility. Each blackmail target was announced in the paper's header the week before. The result being nearly 4,000 new subscriptions and taz receiving worldwide attention.

33 Promotion
National Award Gold **Title** ConSors Börsengang Promotion **Agency** Jung von Matt am Main **Client** Consors Discount - Broker AG **Creative Director** Oliver Kessler **Art Directors** Marilu Schenk, Jan Ehlbeck **Copywriter** Oliver Kessler

Spotlight on ConSors Initial Public Offering. For the IPO of ConSors we had to realise a noisy and sensational action, to get the attention of the financial community and of the public. Therefore, on the weekend before the IPO we had a mobile command installing huge spotlights at night to illuminate the bank-buildings downtown Frankfurt with statements like: "Your architects are more inventive than your investment consultants." "Your charges are on a level with your building."

34

35

36

37

36 Graphic Design - Annual Reports, Catalogues, Calendars etc
National Award Silver **Title** Bayer Calendar "365" **Agency** Barten & Barten Die Agentur GmbH **Client** Bayer Industrieprodukte GmbH & Co **Art Director** Constantin Rothenburg
Photographer Mitja Arzensek

365 images with events of the day from the past century. Images: Products made from Bayer raw materials in everyday life. Target group: 200 top decision makers from the manufacturing industry.

37 Editorial
National Award Silver **Title** SZ - Magazin "A Night in New York" **Entrant** Süddeutsche Zeitung Magazin **Client** Magazin - Verlagsgesellschaft Süddeutsche Zeitung mbH
Art Director Petra Langhammer **Designer** Alex Kat.z

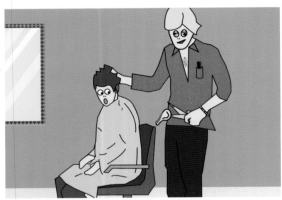

38

39

38 Illustration & Photography - Illustration
National Award Silver **Title** Brillen Becker Ad's "First Aid" **Agency** Scholz & Friends Hamburg **Client** Brillen Becker (Optikerkette) **Art Director** Stefan Setzkorn
Copywriter Monika Schmitz **Illustrators** Stefan Setzkorn, Michael Koch

39 Illustration & Photography - Photography
National Award Silver **Title** HypoVereinsbank Campaign **Agency** Wieden & Kennedy Amsterdam **Client** HypoVereinsbank, Germany **Creative Directors** Jon Matthews, John Boiler
Art Directors Irene Kugelmann, Henricke Schrader **Copywriters** Jon Matthews, Kathy Heppinstall, Marc Wirbeleit **Photographers** Jon Matthews, Mark Borthwick

The ad expresses how the bank empowers people to make financial decisions in times of change.

40

41

40 Illustration & Photography - Photography
National Award Silver **Title** FAZ Campaign "There is always a clever mind behind it" **Agency** Scholz & Friends Berlin **Client** Frankfurter Allgemeine Zeitung
Creative Directors Sebastian Turner, Petra Reichenbach **Art Director** Julia Schmidt **Designers** Hans-Jürgen Gaeltzner, Appel Grafik Berlin **Photographer** Alfred Seiland

1) Erich Sixt, German Car-Rental Tycoon, on a children's roundabout.2) Roland Berger, management consultant to smokestack industries on top of a smokestack. 3) Wolfgang Schäuble, member of Parliament (in his wheelchair) on the ramp of the new glass dome of the Reichstag in Berlin.

41 Illustration & Photography - Photography
National Award Gold **Title** Mercedes - Benz Calendar "Artcars" **Entrant** Dietmar Henneka **Client** DaimlerChrysler AG Mercedes-Benz Passenger Cars, Marketing communication
Creative Director Dietmar Henneka **Art Director** Kirsten Dietz **Designer** Peter Boeck **Photographer** Dietmar Henneka

HOL
LAND

1

Nomination

2

Nomination

1 **Nomination   Print Advertising - Magazine Advertising**
National Award Silver **Title** Classics **Entrant** linssen id **Client** Artifort **Creative Director** Rob Linssen **Art Director** Maarten Bakker **Copywriter** Rob Linssen

2 **Nomination   TV & Cinema Advertising - Cinema Commercial**
National Award Gold **Title** Figure skater **Agency** TBWA/Campaign Company **Client** Delta Lloyd **Art Director** Diederick Hillenius **Copywriter** Poppe van Pelt
Agency Producer Rosemarie Praaning **Film Director** Matthijs van Heijningen jr. **Production Company** CZAR.NL

...Delta Lloyd Insurance for sure.

3

4

3   **TV & Cinema Advertising - Television Commercial**
National Award Silver **Title** Farmer **Agency** Ammirati Puris Lintas **Client** Van den Bergh Nederland **Art Director** Ivar van der Zwan **Copywriter** Jeroen Ragas
Agency Producer Rosemarie Praaning **Film Director** Matthijs van Heijningen jr. **Director of Photography** Chris Ashbrook **Production Company** CZAR.NL

Homemade Soup.

4   **TV & Cinema Advertising - Television Commercial**
National Award Silver **Title** The Kitchen & Tag On **Agency** Ammirati Puris Lintas **Client** Van den Bergh Nederland **Creative Directors** Dierderick Koopal, Cor den Boer
Art Director Cor den Boer **Copywriter** Diederick Koopal **Agency Producer** Nathalie Moser **Film Director** Wim van der Aar **Director of Photography** Jonathan Weyland
Production Company hazazaH

A woman is preparing dinner in the kitchen, it looks like a light culinary treat which she completes by adding a small curl of Ravigote sauce, after 2 minutes she returns to the kitchen grabbing
the bottle, 'Calvé': If you like that sort of thing!

5

(Holland's most feared lawyers)

Centraal
beheer

**The insurance company
in Apeldoorn.(055-798000)**

YOU CAN DO ANYTHING IN IT...
...BUT YOU DON'T HAVE TO.

T·R·P
JEANS
JEANS BY EXPERIENCE.

6

5 **TV & Cinema Advertising - Television Commercial**
National Award Gold **Title** Joy riding **Agency** Result DDB **Client** Centraal Beheer **Design Directors** Martin Cornelissen, Sikko Gerkema **Art Director** Marjon Hoffman
Copywriter Bas Korsten **Agency Producer** Yolande van der Meulen **Film Director** Rogier van der Ploeg **Director of Photography** Menno Westendorp **Production Company** CAZR.NL

A boy steals his mothers Saab Convertable to take it for a little joyride on a sunny day. As the under-aged driver takes his eyes of the road to adjust the car radio, he slams into the back
of a brand new Jaguar.

6 **TV & Cinema Advertising - Cinema Commercial**
National Award Silver **Title** Il Deakerino **Agency** FOUR Interim, Daniel De La Cruz and Friends **Client** Cottonhouse **Creative Directors** Massimo van der Plas, Enrico Bartens **Art Director**
Enrico Bartens **Copywriter** Massimo van der Plas **Film Director** Sven Super **Director of Photography** Gabor Deak **Production Company** De Schiettent **Producer** Christel Hofstee

Durable denim by TRP, you can do anything in it..., but you don't have to.

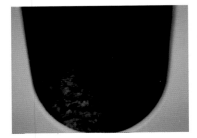   

7

8

7 TV & Cinema Advertising - Public Service/Charity
National Award Silver **Title** Paper for the homeless **Agency** Ammirati Puris Lintas **Client** Joint promotion of animal shelter 'Polderweg' and organisation for the homeless.
Art Director Patrick de Zeeuw **Copywriter** Bart Heijboer **Agency Producer** Rosemarie Praaning **Film Director** Benjamin Landshoff **Director of Photography** Benjamin Landshoff
Production Company Thed Lenssen Films

"2" The street magazine 'Polderweg' for all the homeless this week (joint promotion of animal shelter and organisation for the homeless).

8 Posters - Poster Advertising
National Award Silver **Title** "Holnd Fstvl" **Design Studio** Laboratorivm **Client** Holland Festival **Photographer** André Thijssen **Design Group** Laboratorivm
Creative Director Laboratorivm **Art Director** Laboratorivm **Copywriter** Laboratorivm

The Holland Festival is a yearly based theatre/music festival in Amsterdam. Theatre/music groups from all over the world come to Amsterdam, so it was surprising for the Dutch to see the typical "Holnd Fstvl" posters on foreign walls.

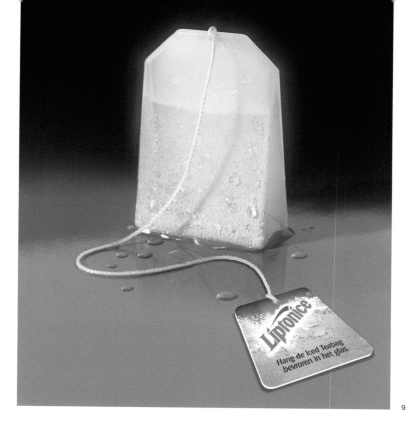

9

10

9 **Promotion**
National Award Silver **Title** Iced Tea Bag **Agency** Fuel Communicatie **Client** Van den Bergh Nederland **Creative Team** Maxim Doornhein, Okke Groeneweg, Peter van Galen

The iced tea bag is a tea bag shaped ice cube. The iced tea bag was specially conceived and developed with Liptonice in mind. When the contents of the tea bag melts, the liquid remains within the casing. This means that the flavour of the Liptonice is not watered down and that the tea bag is re-useable. Last July the Iced tea bags were placed in glasses of Liptonice being served in cafes and restaurants, and were attached to all bottles of Liptonice for sale on supermarket shelves.

10 **Promotion**
National Award Silver **Title** Crop Circle Cookies **Design Studio** BrandNew Design **Client** Self-Promotion **Creatives/Art Directors** Willem Kroon, Marcel Verhaaf
Copywriter Marcel Verhaaf **Typographers** Kareem Baquai, Marcel Verhaaf, Willem Kroon **Photographer** ANP **Modelmakers** Hein Raat, Unlimited Delicious

11 **Promotion**
National Award Silver **Title** Dial-Sfeq-3000 **Entrant** Vandejong **Client** DOX Records **Concept/Art Director/Designer** Pjotr de Jong **Copywriters** Nienke Gaastra, Sam Herman
Photographers Carmen Freudenthal, Elle Verhagen **Illustrator** Ludo Grooteman

12 **Graphic Design - Annual Reports, Catalogues, Calendars etc**
National Award Silver **Title** Dial-Sfeq-3000 **Entrant** Vandejong **Client** DOX Records **Concept** Pjotr de Jong, Carmen Freudenthal, Bart Suèr **Art Directors** Pjotr de Jong, René Put
Copywriters Nienke Gaastra, Sam Herman **Designers** Pjotr de Name, René Put **Photographers** Carmen Freudenthal, Elle Verhagen **Illustrator** Ludo Grooteman

Dial-Sfeq-3000 is a promotion campaign (consisting of 4 posters, a brochure, and a website) for the October 7th released CD Sfeq-3000 of the new jazz band Sfeq, Amsterdam.
The concept for the campaign is the introduction of a new spiritual communications network, with pay off "Dial Sfeq-3000".

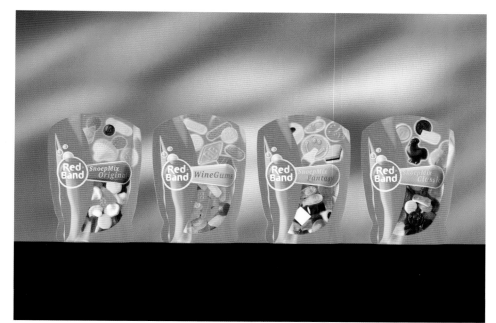

14

13 Packaging

National Award Silver **Title** Red Band Standingbags **Entrant** Coleman Millford Packaging Design **Client** RBV/Leaf **Creative/Art Directors** Danny Klein, Oscar van Geesbergen, Ronald Lewerissa, Jacqueline van Heist **Designers** Oscar van Geesbergen, Danny Klein, Ronald Lewerissa, Jacqueline van Heist, Tahir Idouri **Illustrators** Jan van der Hoeve, Danny van Rijswijk, Natascha Stenvert, Pieter Postma **Design Group** Coleman Millford/Flex Development

Red Band Standingbags assortment: a new type of packaging has been developed for five candy mixes to improve the display on the shelf.

14 Editorial

National Award Silver **Title** Credits **Entrant** (020) ontwerpers **Client** Credits Media bv **Art Directors** Arjan Groot, Anneke Krull, Gijs Kuijper, Naïm Niebuur

'Credits' is a magazine for creative professionals.

IREL AND

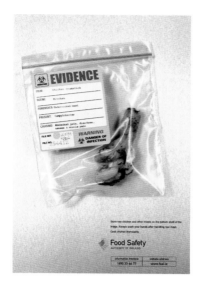
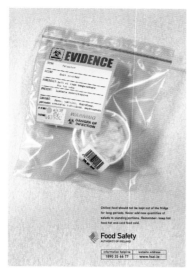
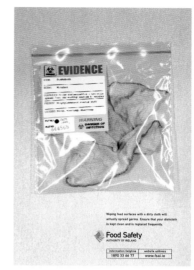
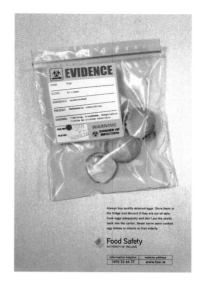

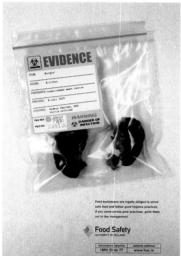

1 & 2

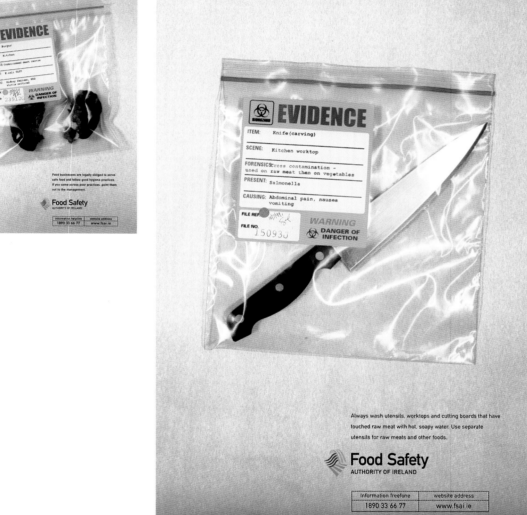

1 **Print Advertising - Newspaper Advertising**
National Award Silver **Title** The Food Safety Authority Campaign **Agency** Cawley NEA Advertising **Client** Food Safety Authority of Ireland **Creative Directors** Brendan O'Flaherty,
Pearse McCaughey **Art Director** Brendan O'Flaherty **Copywriter** Pearse McCaughey **Designer** Brendan O'Flaherty **Photographer** Gerry Grace

2 **Print Advertising - Magazine Advertising**
National Award Silver **Title** The Food Safety Authority Campaign **Agency** Cawley NEA Advertising **Client** Food Safety Authority of Ireland **Creative Directors** Brendan O'Flaherty,
Pearse McCaughey **Art Director** Brendan O'Flaherty **Copywriter** Pearse McCaughey **Designer** Brendan O'Flaherty **Photographer** Gerry Grace

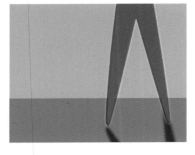

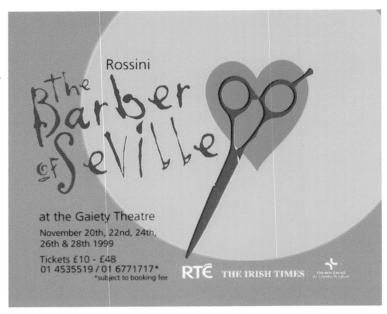

3

4

3 **TV & Cinema Advertising - Television Commercial**
National Award Silver **Title** Barber of Seville **Agency** Irish International Advertising **Client** Opera Ireland **Film Director** Damien Farrell **Production Company** Al Byrne @ Caboom

4 **TV & Cinema Advertising - Television Commercial**
National Award Silver **Title** Something Stupid **Agency** Owens DDB **Client** ESAT Digifone **Art Director** Jack Healy **Copywriter** Dave Cowzer **Film director** Dominic Murgia
Production Company Toytown Films

5

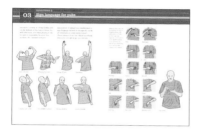

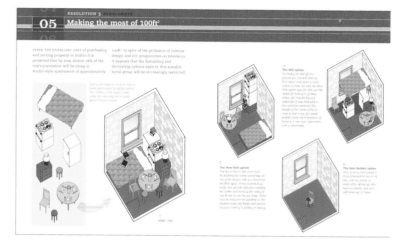

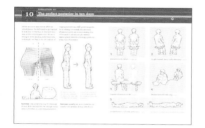

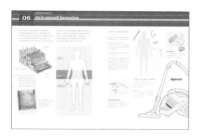
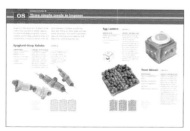

6

5 **Promotion**
National Award Silver **Title** Creative Inputs **Agency** Creative Inputs **Client** ESB/Note Productions **Art Directors** Amanda Brady, Marcus Lynam **Copywriter** John Fordham
Photographer Mixed Sources **Illustrator** Amanda Brady

6 **Promotion**
National Award Gold **Title** 12 Resolutions **Agency** Designworks **Client** Designworks **Copywriters** Designworks, Colm O'Gaora **Art Director** Designworks
Designer Designworks **Illustrator** Designworks

7

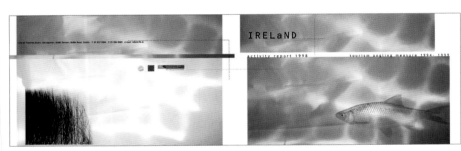

7 **Interactive Media - Internet**
National Award Gold **Title** Dancing St. Patrick's Day Cards **Client** Anshe **Art Director** Cathal O'Flaherty **Copywriters** Emmet Wright, Mike Garner

8 **Graphic Design - Annual Reports, Catalogues, Calendars etc**
National Award Silver **Title** Fisheries Report **Agency** Averill Design Associates **Client** The Central Fisheries Board **Art Director** Siobhán O'Carroll **Copywriter** Pat Montague
Designer Siobhán O'Carroll **Photographers** Siobhán O'Carroll, Various **Illustrator** Siobhán O'Carroll

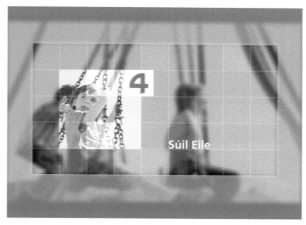

9

9   **Graphic Design - TV Graphics (max 3 mins)**
National Award Silver **Title** TG4 Station Idents **Agency** Dynamo **Client** TG4 **Art Director** Dynamo **Designer** Brian Williams

Ireland

75

ITA
LY

1 **Print Advertising - Newspaper Advertising**
National Award Gold **Title** Blind (Dog) **Agency** Lowe Pirella Göttsche **Client** Artemide **Creative Directors** Aldo Cernuto, Roberto Pizzigoni **Art Director** Enrico Maria Radaelli
Copywriter Chiara Degli Occhi **Photographer** Elliott Erwitt

You cannot begin to imagine how I imagine light.

2 **Print Advertising - Newspaper Advertising**
National Award Silver **Title** Blind (Chess) **Agency** Lowe Pirella Göttsche **Client** Artemide **Creative Directors** Aldo Cernuto, Roberto Pizzigoni **Art Director** Enrico Maria Radaelli
Copywriter Chiara Degli Occhi **Photographer** Elliott Erwitt

I imagine light as a game without rules.

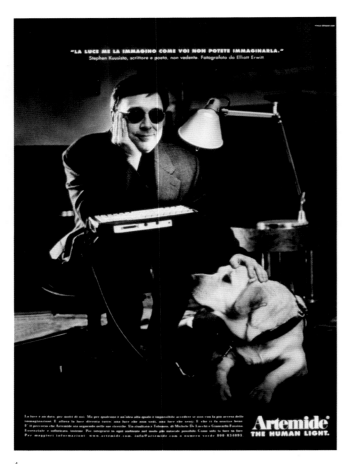

3

4

3 **Print Advertising · Magazine Advertising**
National Award Gold **Title** Car **Agency** Lowe Pirella Göttsche **Client** Excite.it **Creative Directors** Aldo Cernuto, Roberto Pizzigoni **Art Director** Isabella Bernardi
Copywriter Marco Cremona **Photographer** Gianluca Tedesco/Valerio De Berardinis : www.excite.it. Il mondo che vorrei

www.excite.it/the world the way I'd like it.

4 **Print Advertising · Magazine Advertising**
National Award Silver **Title** Blind (Dog) **Agency** Lowe Pirella Göttsche **Client** Artemide **Creative Directors** Aldo Cernuto, Roberto Pizzigoni **Art Director** Enrico Maria Radelli
Copywriter Chiara Degli Occhi **Photographer** Elliott Erwitt

You cannot begin to imagine how I imagine light.

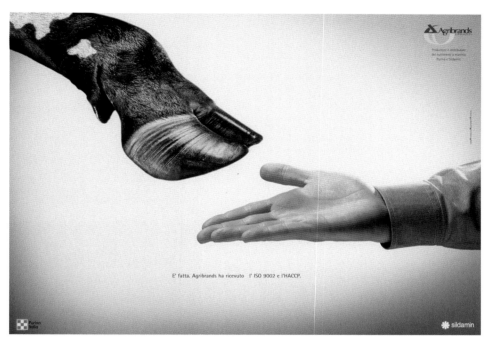

5

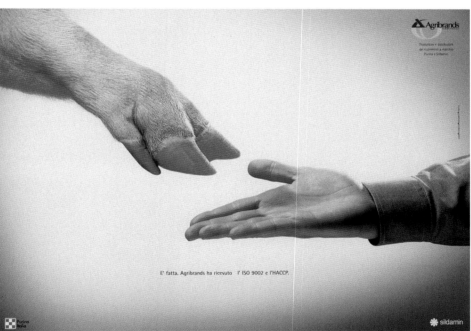

6

5   **Print Advertising - Trade Advertising**
     National Award Gold **Title** Gimme five (Cow) **Agency** Agency D'Adda Lorenzini Vigorelli **Client** Purina Italia **Creative Directors** Gianpietro Vigorelli, Maurizio D'Adda
     Art Directors Erik Loi, Katia Lazzati **Copywriter** Joseph Menda **Photographer** Luca Perazzoli

     Done. Agribrands get the ISO 9002 and HACCP (certifications).

6   **Print Advertising - Trade Advertising**
     National Award Silver **Title** Gimme five (Pig) **Agency** D'Adda Lorenzini Vigorelli BBDO **Client** Purina Italia **Creative Directors** Gianpietro Vigorelli, Maurizio D'Adda
     Art Directors Erik Loi, Katia Lazzati **Copywriter** Joseph Menda **Photographer** Luca Perazzoli

     Done. Agribrand gets the ISO 9002 and HACCP (certifications).

IN OGNI ABBONATO RAI
CE NE SONO TANTI.

7

8

7 **TV & Cinema Advertising - Television Commercial**
National Award Gold **Title** Wake up **Agency** Lowe Pirella Göttsche **Client** Excite.it **Creative Directors** Aldo Cernuto, Roberto Pizzigoni **Art Director** Isabella Bernardi
Copywriter Marco Cremona **Agency Producer** Katia Gorgoglione **Film Director** Luca Lucini **Director of Photography** Sandro Bolzoni **Production Company** new ways
Producer Clara Villani

Move to Excite where the internet world revolves around you, where every wish is granted and your every desire is an order. www.exite.it The world as you like it.

8 **TV & Cinema Advertising - Television Commercial**
National Award Silver **Title** I & me "Swimming pool" **Agency** McCann-Erickson Italiana **Client** RAI - Radio Televisione Italiana **Creative Directors** Marco Carnevale,
Paola Manfroni **Art Director** Barbara Capponi **Copywriter** Luca Miniero **Agency Producers** Fabio Cimino, Paolo Genovese **Film Director** Maarten Treurniet
Director of Photography Luca Robecchi **Production Company** Cineteam **Producer** Philip Rogosky

There's more than one person inside every RAI licence holder. We try to please them. RAI. Eveything and more.

9

10

9   **Public Service/Charity**
National Award Gold **Title** Mrs Anna **Agency** McCann-Erickson Italiana **Client** Associazione per i libri **Creative Director** Stefano Campora **Art Director** Roxanne Bianco
Copywriter Francesca Pagliarini **Agency Producer** Riccardo Besso **Film Director** Fabrizio Mari **Production Company** Mercurio Cinematografica

Visit a bookshop. We'll find the author you like. 16th May. Book Day.

10   **Public Service/Charity**
National Award Silver **Title** Sandwich Man **Agency** Saatchi & Saatchi **Client** A.S.P.E.C.I. - A.S.L. Palermo **Creative Directors** Guido Cornara, Agostino Toscana
Art Director Paolo Furlan **Copywriter** Giuseppe Mazza **Agency Producer** Daniela Gasparotto **Film Director** Agostino Toscana **Director of Photography** Manfredo Archinto
Production Company Green Movie Group

This is the only place where AIDS victims are treated like human beings. AIDS and society, an open meeting.

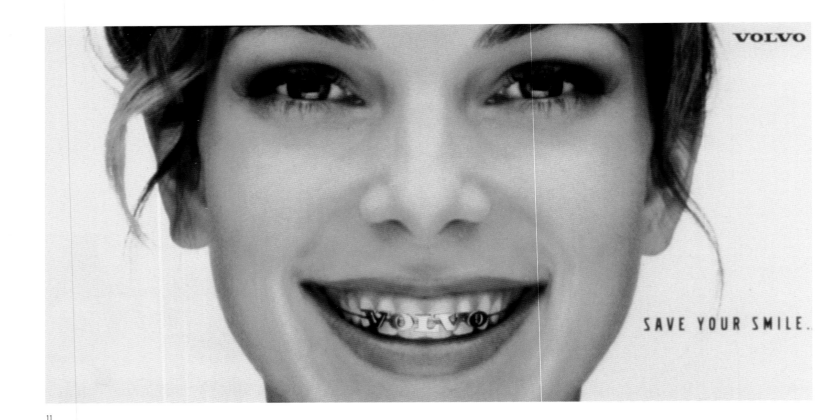

11

12

11 **Posters - Poster Advertising**
National Award Gold **Title** Smile **Agency** Lowe Pirella Göttsche **Client** Volvo **Creative Directors** Aldo Cernuto, Roberto Pizzigoni **Art Director** Isabella Bernardi **Copywriter** Lisa Marussi
Photographer Maurizio Cigognetti

Save your smile.

12 **Posters - Poster Advertising**
National Award Silver **Title** Car **Agency** Lowe Pirella Göttsche **Client** Excite.it **Creative Directors** Aldo Cernuto, Roberto Pizzigoni **Art Director** Isabella Bernardi
Copywriter Marco Cremona **Photographer** Gianluca Tedesco

www.excite.it/the world the way I'd like it.

13

14

13 **Promotion**
National Award Silver **Title** Millenium bug **Agency** BGS D'Arcy **Client** Gruppo BGS D'Arcy **Creative Director** Pasquale Barbella **Art Director** Viki Gitto **Copywriter** Viki Gitto **Designer** Viki Gitto **Photographer** Marco Pirovano

Millenium Bug? Best wishes for a thousand trouble free years.

14 **Promotion - Mailings**
National Award Gold **Title** Ho Fame **Agency** Conquest Materia **Client** Conquest Materia **Creative Director** Pietro Maestri **Art Director** Geo Ceccarelli **Copywriter** Alessio Riggi

I'm hungry. Thank you. This year Conquest Materia is giving to charities instead of giving presents. In the hope of giving people in need a different kind of christmas best wishes. To one and all.

15

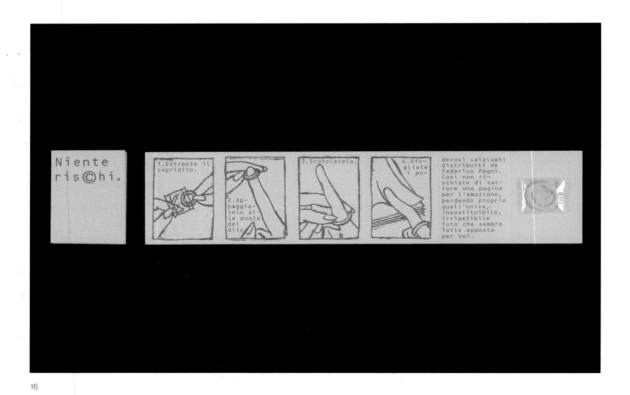

16

15 Graphic Design - Corporate Identity
National Award Gold **Title** Zadig - Associazione Culturale **Agency** Saatchi & Saatchi **Client** Zadig **Creative Directors** Luca Albanese, Stefano Maria Palombi
Art Director Grazia Cecconi **Photographer** Fiorenzo Niccoli

Co-ordinated corporate image for a cultural organisation.

16 Graphic Design - Annual Reports, Catalogues, Calendars etc
National Award Silver **Title** Niente Rischi **Entrant** Marco Pappalardo **Client** Frederico Pagni **Art Director** Maria Seosamh **Copywriter** Marco Pappalardo **Illustrator** Antonio Perosa

Run No Risks.
1) Take out the finger cover 2) Put it on your finger 3) Unroll it 4) Flip through... ...the great catalogues distributed by Federico Pagni so you won't run the risk of getting over-excited and skipping a single page and missing the one and only, unrepeatable photo that's made just for you.

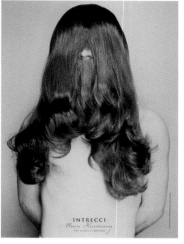  

17

18

17 **Illustration & Photography - Photography**
National Award Gold **Title** Obscure Hairdressing **Agency** McCann-Erickson Italiana **Client** Intrecci **Creative Directors** Dario Neglia, Stefano Campora **Art Director** Dario Neglia **Copywriter** Stefano Campora **Designer** Dario Neglia **Photographer** Pier Paolo Ferrari

Obscure hairdressing.

18 **Illustration & Photography - Photography**
National Award Silver **Title** Blind (Chess) **Agency** Lowe Pirella Göttsche **Client** Artemide **Creative Directors** Aldo Cernuto, Roberto Pizzigoni **Art Director** Enrico Maria Radaelli **Copywriter** Chiara Degli Occhi **Photographer** Elliott Erwitt

I imagine light as a game without rules.

PORT
UGAL

4x4 M Class

Mercedes-Benz

1

WERE YOU AN EPICUR READER YOU'D KNOW THAT A CIGAR SHOULDN'T BE LEFT IN PLACES WHERE HUMIDITY IS OVER 75%.

EPICUR: IS ABOUT THE TRUE PLEASURES OF LIFE.

2

1 **Print Advertising - Magazine Advertising**
National Award Silver **Title** Barbed Wire **Agency** Z Publicidade, Lisbon **Client** Mercedes-Benz **Creative Director** Nelson Sinem **Art Director** Paulo Telles **Copywriter** Tiago Cruz

2 **Print Advertising - Magazine Advertising**
National Award Silver **Title** Clinton **Agency** TBWA EPG **Client** Epicur **Creative Director** Pedro Bidarra **Art Directors** Jose Heitor, Jose Carlos Bomtempo
Copywriter Pedro Bidarra

3

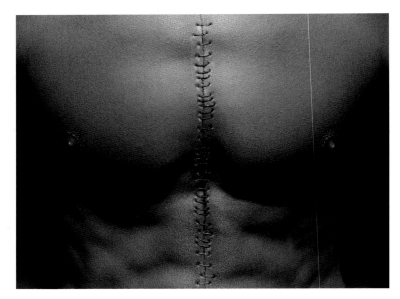

4

3 **Print Advertising - Magazine Advertising**
National Award Silver **Title** Burned **Agency** Publicis Publicidade **Client** Casa México **Creative Directors** Francisco Vasconcelos, Susana Medeiros, Jose Trabucho
Art Director Rogério Serrasquerio **Copywriter** Marcelo Dolabella **Photographer** João Palmeiro

4 **Print Advertising - Trade Advertising**
National Award Gold **Title** Scar **Agency** TBWA EPG **Client** Fantasporto **Creative Directors** Albano Homem de Melo, Sergio Carvalho **Art Director** Sergio Carvalho
Copywriter Albano Homem de Melo **Photographer** Jorg Bregulla

Paralympic Games Sydney 2000 Trials. Give Your Support to Portuguese Super Athletes.

5

6

5 **Print Advertising - Public Service/Charity**
National Award Gold **Title** Superman **Agency** Young & Rubicam Portugal **Client** Federacão Portuguesa de Desporto Para Deficientes **Creative Directors**
Elisabete Vaz Mena, Cristiano Zancuoghi **Art Director** Lourenço Tomáz **Copywriter** Tereza Pinto Leite **Illustrator** Lourenço Tomáz

6 **TV & Cinema Advertising - Television Commercial**
National Award Silver **Title** Exaggeration **Agency** TBWA EPG **Client** TMN **Creative Director** Pedro Bidarra **Art Director** Jose Heitor **Copywriter** Pedro Bidarra
Agency Producers Antonio Serrano, Diogo Patacho **Film Director** Isabel Rosa **Production Company** Shots

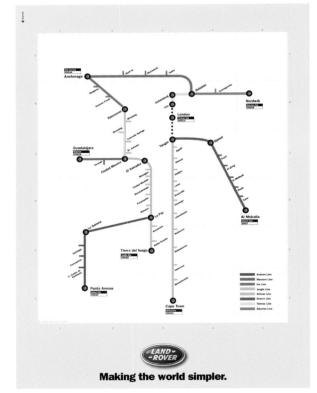

Making the world simpler.

7

8

7 **TV & Cinema Advertising - Television Commercial**
National Award Gold **Title** Laundry Women **Agency** Lowe Lintas **Client** Unilever **Creative Director** Leandro Alvarez **Art Director** Gezo Marques **Copywriters** João Ribeiro, Leandro Alvarez **Agency Producer** Ana Rondão **Film Director** Diamantino Ferreira **Director of Photography** Ricardo Prates **Production Company** Diamantino Films

8 **Posters - Poster Advertising**
National Award Gold **Title** Metro **Agency** Bates Portugal **Client** Land Rover **Creative Directors** Pedro Ferreira, Judite Mota **Art Director** Pedro Ferreira **Copywriter** Judite Mota **Illustrator** Quina

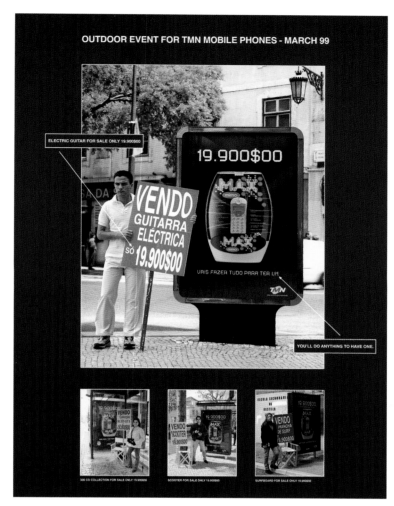

9

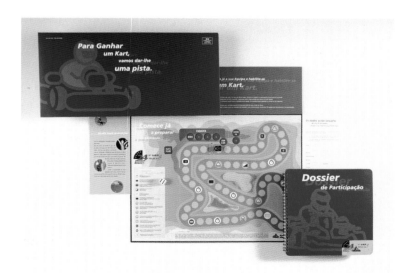

10

9 **Promotion**
   National Award Silver **Title** Outdoor Event **Agency** TBWA EPG **Client** TMN **Creative Director** Albano Homem de Melo **Art Director** Jose Carlos Bomtempo
   Copywriters Albano Homem de Melo, Diogo Anahory **Photographers** Paulo David, Sais de Prata

10 **Promotion**
   National Award Gold **Title** Kart Game '99 **Agency** HPP Comunicacao **Client** Lucena Karting **Creative Director** Pedro Oliveira **Art Director** Claudia Dias **Copywriters** Pedro Oliveira,
   Antonio Vieira **Illustrator** Cristovao Barbosa

   1) To win a kart, we are going to give you a cluenote: in Portuguese "clue" also means "racetrack"). 2) Do not lose any more time, book your time and be ready to win a kart.
   3) Start right away to prepare your part in this race.

11

12

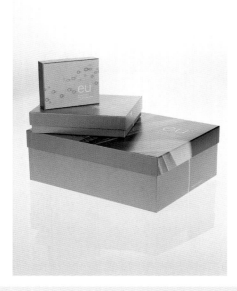

11 **Promotion - Mailings**
National Award Silver **Title** How Many? **Entrant** Impiric Portugal **Client** TMN **Creative Director** Manuel Caetano **Art Director** Neno Dutra **Copywriter** Marta Hugon

There are many reasons to keep on being a TMN customer. How many do you want? (it's a name of a childrens game).

12 **Graphic Design - Corporate Identity**
National Award Silver **Title** Eu' - Essenciais Personalizados **Entrant** Ricardo Paixaõ Mealha Design Digital **Client** Ricardo Paixaõ Mealha Design Digital **Creative Director**

Ricardo Paixaõ Mealha **Art Director** Ricardo Paixaõ Mealha **Designers** Ricardo Paixaõ Mealha, Ana Margarida Cunha, Leonel Duarte **Photographer** Pedro Claudio
Design Group Ricardo Paixaõ Mealha Design Digital

Eu' – Essenciais Personalizados (EU' means "I" or "Me" in Portuguese) shop is a bespoke stationery shop owned by Ricardo Mealha Studio in Lisbon. The idea behind the project was to re-invent the concept of a stationery shop for the new millenium for those who felt the need to recover communication values, often forgotten in the new age of fax and e-mail. Our main concern was to create a coherent, modern and sophisticated concept, thus the Studio designed the shop interiors, as well as all the stationery products on sale, including all the packaging (3 types of boxes, 2 hand bags, wrapping paper, stickers and chocolate).

13

14

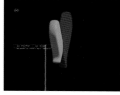

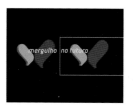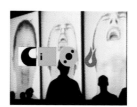

15

13 Graphic Design - Corporate Identity
National Award Gold **Title** Embalagem NETC **Design Studio** Novo Design **Client** Embalagem NETC **Project Director** Carlos Coelho
Senior Account Executive Raquel Maria Alves Gonçalvez **Design Director** Paulo Rocha **Senior Designer** Alexandre Pereira

14 Graphic Design - Corporate Identity
National Award Gold **Title** Vini Portugal **Design Studio** Novo Design **Client** Vini Portugal **Project Director** Jesper Carvalho Anderson **Senior Account Excutive** José Manuel Santos
Design Director Paulo Rocha **Senior Designer** Gonçalo Freire Cabral

15 Graphic Design - TV Graphics (max 3 mins)
National Award Silver **Title** Dive Into the Future **Design Studio** Ricardo Paixaõ Mealha Design Digital **Client** Expo 98-Festival Mergulho no Futuro
Creative Director Ricardo Paixaõ Mealha **Art Director** Ricardo Paixaõ Mealha **Designer** Carlos Rei

In order to promote the Contemporary Art Festival "Dive into the Future", organized by the World Exhibition Expo 98, a very modern catalogue was made trying to transmit the nature of an event that lived by the reunion of art forms such as theatre/dance/video.

SPA
IN

1 **Nomination   TV & Cinema Advertising - Television Commercial**
National Award Gold **Title** Garages **Company** Tandem Campmany Guasch DDB S.A. **Client** V.A.E.S.A. - Audi **Creative Directors** J.L. Rois, A. Astorga, D. Ilario **Art Director** D. Ilario
Copywriter A. Astorga **Agency Producer** V. Moñino **Film Director** Pep Bosch **Director of Photography** Paco Femenia **Production Company** Lee Films

2 **Nomination   TV & Cinema Advertising - Television Commercial**
National Award Gold **Title** Imitator **Agency** Tandem Campmany Guasch DDB S.A. **Client** V.A.E.S.A. - Audi **Creative Directors** A. Astorga, D. Ilario **Art Directors** D. Ilario, J. Badia
Copywriters A. Astorga, A. Binefa **Agency Producer** Vicky Moñino **Film Director** Julio del Alamo **Production Company** Alamo Films

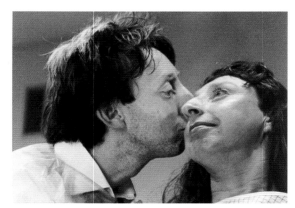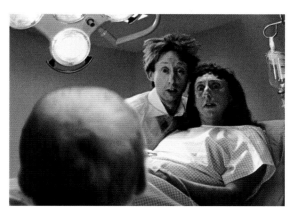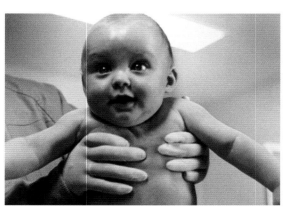

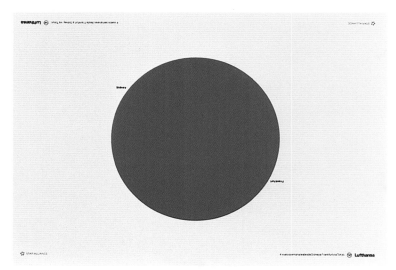

4

3 **Nomination   TV & Cinema Advertising - Television Commercial**
National Award Gold **Title** Hospital **Agency** Publicis España, S.A. **Client** Loterías y Apuestas del Estado - L.A.E. **Creative Directors** Tony Fernández-Mañés, Antonio Milanés
Art Director Belén Martínez **Copywriter/Creative Director** Elena Fenoy **Agency Producer** Ricardo San Valentín **Film Director** Antonio Milanés
Director of Photography Ramón Grau **Production Company** Sesion Continua

A terribly ugly new father is at the hospital, waiting for his wife to give birth. She is as ugly as him, or even uglier. But the baby is born as beautiful as an angel, because luck belongs to everybody.
Spanish Lottery.

4 **Print Advertising - Magazine Advertising**
National Award Silver **Title** Vice Versa - Lufthansa **Agency** Young & Rubicam S.A. **Client** Lufthansa **Creative Director** Germán Silva **Art Director** Joao Coutinho **Copywriter** Germán Silva
Agency (Design Group) Young & Rubicam S.A.

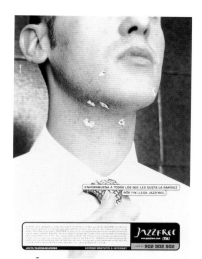
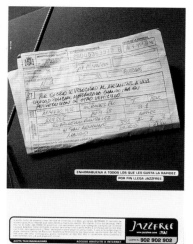

5

6

5   **Print Advertising - Magazine Advertising**
National Award Silver   **Title** Shaving   **Agency** Grey & Trace   **Client** Jazztel   **Creative Directors** Pablo Torreblanca, Gerardo Silva   **Art Director** Guillermo Pérez-Agua
Copywriter Gonzalo Junoy   **Photographer** Angel Almena   **Creative Vicepresident** Agustín Vaquero

For those who like speed without taking into account the consequences; there is an internet server that is really fast: Jazzfree.

6   **Print Advertising - Public Service/Charity**
National Award Gold   **Title** Investment   **Agency** Tiempo/BBDO   **Client** Fundación Vicente Ferrer   **Creative Director** Ferran Blanch   **Art Director** Manuel Padilla   **Copywriter** Victor Montanya

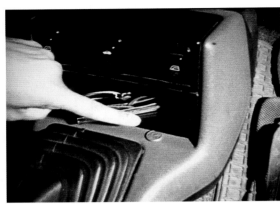

7

8

7 **TV & Cinema Advertising - Television Commercial**
National Award Gold **Title** Open-air bar **Agency** FCB/TAPSA **Client** Retevision Movil **Creative Director** Julian Zuazo **Art Director** Juan Lassalle **Copywriter** Manuel Cavanilles
Agency Producers Jesus Becedas, Jorge Minguela **Film Director** Julian Zuazo **Production Company** Alamo Films

In the past everyone disregarded the 5-peseta piece, because it was no use to anyone as its value is so small. Now, thanks to the new Amena tariff (5 pesetas a minute), a 5-peseta piece has got its value back. Never look down on such an important coin.

8 **TV & Cinema Advertising - Television Commercial**
National Award Silver **Title** Straight Roads **Agency** Tandem Campmany Guasch DDB S.A. **Client** V.A.E.S.A. - Volkswagen **Creative Directors** Ernesto Rilova, J. Meléndez
Art Director J. Meléndez **Copywriter** P. Colomer **Agency Producer** V. Moñino **Film Director** Nacho Gayán **Director of Photography** Santi Peirona
Production Company Estudio Piramide

9

10

9   **TV & Cinema Advertising - Television Commercial**
National Award Silver **Title** The day we decided... **Agency** FCB/TAPSA **Client** Madrid y Mas **Creative Director** Julian Zuazo **Art Directors** Carlos Spottorno, Juan Lassalle
Copywriters Manuel Cavanilles, Jose Carnero **Agency Producers** Jesus Becedas, Carlos Amat **Film Director** Tote Trenas **Production Company** Story Board

The first free newspaper in history. It tells you page by page that the figures of newspaper readers will continue to drop, that it will never be number one in sales, and that if you are one of those people who never buys a newspaper, just stay that way.

10 **TV & Cinema Advertising - Television Commercial**
National Award Gold **Title** Naked **Agency** Ruiz & Company **Client** Base **Creative Director** David Ruiz **Art Director** David Ruiz **Copywriters** Maria Ruiz, Paco Savio
Film Director Nacho Gayán **Production Company** Pirámide

To play sport, all you need is the desire to improve yourself. We do the rest. Welcome to base.

Spain

99

11

12

11 **TV & Cinema Advertising - Television Commercial**
National Award Gold **Title** Toys **Agency** McCann-Erickson **Client** Via Digital **Creative Director** Nicolás Hollander **Art Director** Sergio García **Copywriter** Juan Nonzioli
Agency Producer Luis Felipe Moreno **Film Director** Pablo Hermida **Production Company** Lee Films

Christmas is coming and Via Digtal is launched as the best present, overtaking the popularity of traditional presents, toys. The toys refuse to accept this and take over the city, focusing their attack on the channel's advertising and buyers.

12 **TV & Cinema Advertising - Television Commercial**
National Award Silver **Title** Cone Peak **Agency** TBWA **Client** Nissan motor España **Creative Director** Xavi Munill **Art Director** Tomás Descals **Copywriter** Xavi Munill
Agency Producer Nuria Madrid **Film Director** Gianni Ruggiero **Production Company** Ruggiero Films

14

13

13 **TV & Cinema Advertising - Television Commercial**
National Award Silver **Title** Martians **Agency** Publicis España, S.A. **Client** RENFE **Creative Directors** Tony Fernández-Mañés, Antonio Milanés, Juanma Pérez-Paredes, María Jesús Herrera **Agency Producer** Ricardo San Valentín **Film Director** Victor García **Director of Photography** Pedro del Rey **Production Company** Lee Films & Daquiri

Two Martians visiting our planet are gathering samples of everything they see... and are greatly surprised when they see the new "Alaris" train from Renfe, a display of technology, comfort and speed. A high impact train.

14 **TV & Cinema Advertising - Television Commercial**
National Award Silver **Title** The Christmas Spirit II **Agency** Publicis España, S.A. **Client** Lotterias y Apuestas del Estado - L.A.E. **Creative Directors** Tony Fernández-Mañés, Antonio Milanés **Art Director** Chema González **Creative Director/Copywriter** Jaime Silanes **Copywriter** Mariano Germán-Coley **Agency Producer** Fernando García Patos **Film Director** Eduardo McLean **Director of Photography** Paco Femenía **Production Company** Spika

An enigmatic and mysterious character representing the Christmas spirit mixing with the most humble and hard working people, to share with them the illusion and the luck for the world's most important lottery.

15

16

15 **TV & Cinema Advertising - Public Service/Charity**
National Award Silver **Title** Christmas **Agency** FCB/TAPSA **Client** UNICEF **Creative Directors** Julian Zuazo, Jose Carnero **Art Director** Carlos Spottorno **Copywriter** Jose Carnero
Agency Producers Jesús Becedas, Carlos Amat **Film Director** Fernando García-Ruiz **Production Company** Strange Fruit

At the same time as you send someone christmas greetings with a UNICEF card, you are helping thousands of children to have a school, hospitals and a place to live.

16 **TV & Cinema Advertising - Public Service/Charity**
National Award Silver **Title** Match **Agency** FCB/TAPSA **Client** TVE **Creative Director** Julian Zuazo **Art Director** Jose Antonio Madrid **Copywriter** Auireli Arque
Agency Producers Jesús Becedas, Francis Hernández **Film Director** Igor Fioravanti **Production Company** Strange Fruit

On world AIDS day (1 December) Television Espanola recommends using condoms as the most effective way of avoiding catching the disease.

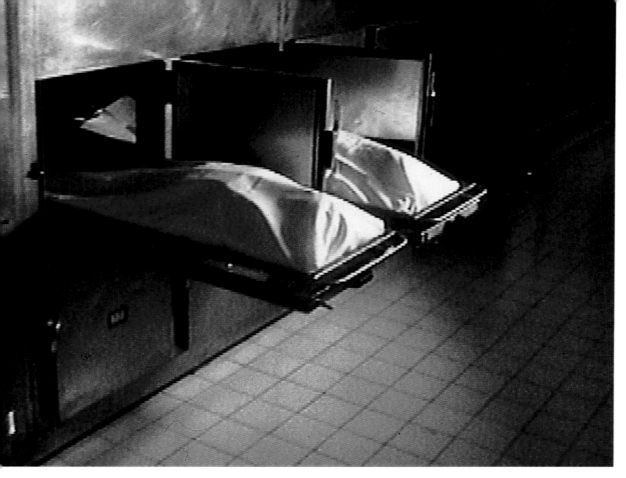

17

18

17 TV & Cinema Advertising - Public Service/Charity
National Award Gold **Title** Ice Boxes **Agency** Motiva Beaumont Bennett **Client** ADER **Creative Directors** Angel Trallero, Jaume Solé **Art Director** Angel Trallero **Copywriter** Jaume Solé
Film Director Xavier Rosselló **Production Company** Errecerre

After death, a person can help avoid the death of another man. All they have to do is to donate their organs.

18 TV & Cinema Advertising - Public Service/Charity
National Award Silver **Title** Pig **Agency** Publicis Casadevall Pedreño & PRG **Client** Barcelona City Council **Creative Directors** Luis Casadevall, Xavi Garcia, Xavier Hidalgo
Art Directors Ramon Roda, Fernando Planelles **Copywriter** Xavier Hidalgo **Film Director** Aixalà **Director of Photography** Alejandro Osset **Production Company** Ovideo

19

20

19 **Posters - Poster Advertising**
National Award Silver   **Title** The Fight of the Millennium Next Communication Art   **Client** City Hall of SA Pobla (Mallorca Island)   **Creative Director** Andreu Aguiló
Art Director Norberto Thomas   **Copywriter** Jordi Servitje   **Designer** Norberto Thomas
Poster depicting a boxing card announcing a fight between the reigning champion patron Saint Anthony from "Sa Pobla", and the eternal contender, the demon "Cucarell".

20 **Posters - Poster Advertising**
National Award Silver   **Title** Saint Sebastien, a city in the picture   **Agency** Publis NCM, S.A.   **Client** Kutxa Caja de Ahorros de Guipuzcoa y San Sebastian   **Creative Directors** Iñaki García,
Alfonso Martínez   **Art Director** Alfonso Martínez   **Copywriter** Iñaki García   **Photographer** Pablo Schnell

Saint Sebastien, a city in the picture (headline). In Spanish words "de cine" means very nice using. Subtitle: Sponsor of the Film Festival of Saint Sebastien.

21

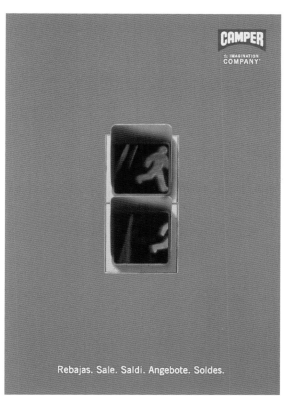

Rebajas. Sale. Saldi. Angebote. Soldes.

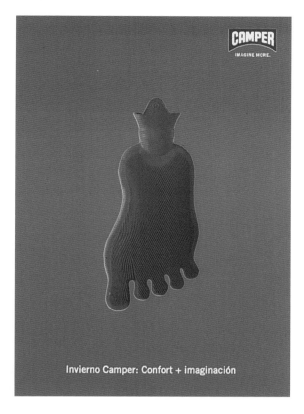

Invierno Camper: Confort + imaginación

22

21 **Posters - Poster Advertising**
National Award Gold **Title** Street Banner Campaign for the Socialist Candidate (Maragall) **Design Studio** La Vista Design Studio **Client** Citizens for Change
Creative Directors Patrick Thomas, Angela Broggi **Designers** Patrick Thomas, Angela Broggi **Art Directors** Patrick Thomas, Angela Broggi

Street banner campaign, Socialist Candidate (Maragall) for elections of the autonomous Government of Catalonia (Spain), representing a change to the left.

22 **Posters - Poster Advertising**
National Award Gold **Title** Carteles Camper **Agency** Ruiz & Company **Client** Camper **Creative Director** Quico Vidal **Art Director** David Ruiz **Designer** Lisa Noble
Photographer Ramon Serrano

Line of posters for Camper shoe stores.

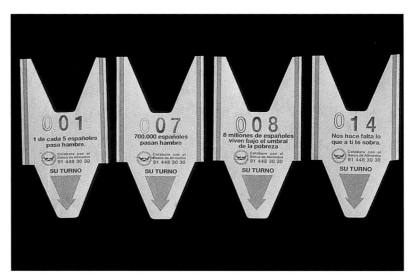

23 **Posters - Public Service/Charity**
   National Award Silver **Title** Dia Internacional de la Mujer (International Womens Day) **Entrant** Manuel Fernández (MF) **Client** Ayntamiento de Gijón/Concejalía de la Mujer
   Designer Manuel Fernández **Photographer** Manuel Fernández **Design Studio** M F

   Informative poster for Womens International Day Celebration. Through an urban scene it shows a surprising image of women as an active protagonist.

24 **Promotion**
   National Award Gold **Title** Your Turn **Agency** McCann-Erickson **Client** Bancos de Alimentos **Creative Director** Nicolás Hollander **Art Director** Vanessa Sanz **Copywriter** Silvia Varela

   "Your Turn" turn-u-matic tickets people take to the supermarkets to be served at the fresh foods counter. There are different messages from the food bank to the general public,
   each message provides an item of statistical data.

25

26

25 Promotion
National Award Silver **Title** Obre la Ciutat **Entrant** Ajuntament de Girona (Girona City Council) **Client** Ajuntament de Girona **Creative Director** Joan Casanovas Romaguera
Art Director Joan Casanovas Romaguera **Copywriters** Joan Casanovas Romaguera, Ajuntament de Girona **Designer** Joan Casanovas Romaguera
Photographer Jordi S. Carreras **Illustrator** Leonard Beard **Design Studio** Ajuntament de Girona (Gabinet D'imitage)

Box containing the Fair program, the book "Descobreix la ciutat nova". (Discover the new city) and aromatic herbs.

26 Interactive Media - Distributed Media (CD ROMs, DVDs etc)
National Award Silver **Title** ez_dakit **Entrant** Iñigo Aranburu Puente **Client** Lau Behi **Creative Director** Iñigo Aranburu Puente **Art Director** Iñigo Aranburu Puente
Copywriters Iñigo Aranburu Puente, Mikel Azpiroz Garmendia, Alison Clifford **Designer** Iñigo Aranburu Puente **Photographers** Floro Azketa, Iñigo Aranburu Puente
Illustrator Iñigo Aranburu Puente **Graphic Designer** Iñigo Aranburu Puente **Audio** Mikel Azpiroz Garmendia **Programmer** Daniel Julià

Musical CD Rom inspired by the song "Ez Dakit" by the Basque band 'Lau Behi'. The song is about the confusion you can feel between love and desire.

  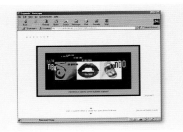

28

27 Interactive Media - Internet
National Award Silver **Title** The New Audi TT Roadster **Agency** DoubleYou **Client** Audi **Creative Director** Frédéric Sanz **Art Director** Blanca Piera **Copywriter** Frédéric Sanz
DHTML Writing Joakim Borgström, Xavi Caparrós **Interactive Director** Joakim Borgström **Illustrator** Montserrat Torras **Design Group** DoubleYou

http:/audi.vw-audi.es/ttroadster
The objective of the minisite is to present the new sports model of the Germany brand. The communication strategy of the minisite was overall based on the transmission of all the sensations directly relating to a convertible: the wind, the sky, freedom... leaving behind all the technical aspects. That is the reason why all the elements of the minisite are flying in the sky when they appear for the first time or disappear. Then, the website consists in a page where all the information appears and pictures activated in function of the user's curiosity. To move the mouse over the text activates the image, which split in fragments flying and creating a whirl of virtual air.
An attractive and original way to present a car with concepts of liberty and open spaces while showing the characteristics of the model and details of its design.

28   Interactive Media - Internet
National Award Gold **Title** Depende **Entrant** Herraiz Soto & Co **Client** Tronco Records/Jarabe de Palo **Creative Directors** Ángel Herraiz, Rafa Soto **Art Director** Ángel Herraiz
Copywriter Rafa Soto **Photographers** Mariá Speus, Siscu Soler

www.jarabedepalo.com/depende

29

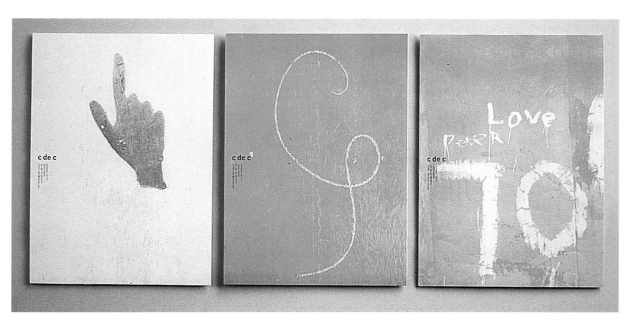

30

29 Graphic Design - Corporate Identity
National Award Silver **Title** Wanted? **Design Studio** Estudi David Espluga **Client** Wanted? **Creative Director** David Espluga **Art Director** David Espluga **Copywriters** David Espluga, Carol Piera **Designer** David Espluga

Wanted is a casting direction company specialised in 'strange people'. The graphic language reflects to the Wild West 'Wanted' posters. The text speaks about the different kind of people that could be 'wanted'. This is expressed in slang language that sounds fresh and funny and which reflects perfectly the characteristics of 'Wanted' people.

30 Graphic Design - Corporate Identity
National Award Gold **Title** C de C (creative's club) Corporate Identity **Design Studio** Enric Aguilera Asociados **Client** C de C (Club de Creativos) **Creative Director** Enric Aguilera **Art Director** Enric Aguilera **Designers** Enric Aguilera, Laura Armet

The aim was to bring together simplicity and the unexpected, both being characteristics of good advertising.

31

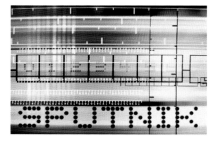

32

31 **Graphic Design - TV Graphics (max 3 mins)**
National Award Gold **Title** Beca **Entrant** El Sindicato **Client** Planeta 2010 **Creative Director/Art Director/Designer/Photographer/Illustrator** El Sindicato **Music** Red Post Production

32 **Graphic Design - TV Graphics (max 3 mins)**
National Award Silver **Title** Sputnik **Entrant** Sixis **Client** Televisio de Catalunya **Creative Directors** Sergi Carbonell, Lidia Cazorla **Art Directors** Sergi Carbonell, Lidia Cazorla
Designers Sergi Carbonell, Lidia Cazorla **Design Group** Sixis

Graphic Continuity for Sputnik TV (musical magazine).

33

34

33 Graphic Design - TV Graphics (max 3 mins)
National Award Gold **Title** Microfilmes **Entrant** C.I.T., S.L. **Client** Cinemanía **Creative Directors** Jordi Costa, Antonio Trashorras **Art Director** Pau Bosch **Copywriter** Pilar Blanquez
Designers Javier Olivares, Miguel Angel Gallardo, Luis Bustos, Manel Fontdevila, Joe Luis Ágreda, Santiago Sequerios, Mauro Entrialgo, Victor Aparico, Sandra Valencia, Miguel Ángel Martin, Max, Arío Adanti **Design Group** Iskra **Producer** Ascensión Aranda **Musicians** Juan Poveda, Javier Garcia Porcel, Victor Aparicio, Mastretta

"The Microfilms" are different personal visions that pay tribute to the cinema and its different genres through distortion and parody.

34 Graphic Design - TV Graphics (max 3 mins)
National Award Silver **Title** Canal Palomitas **Entrant** Ruiz & Company **Client** Media – Park **Creative Directors** David Ruiz, Jorge Payá **Art Director** David Ruiz
Copywriter Maria Ruiz **Designer** Lisa Noble **Illustrator** Lisa Noble **Executive Producer** Carlos Guerreiro

Graphic identity for "Palomitas" (Popcorn), a family orientated TV channel.

35

36

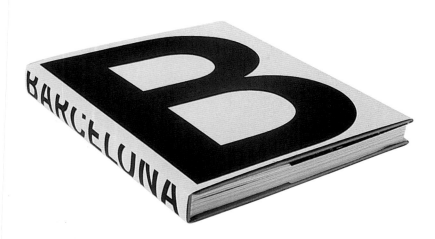

35 **Packaging**
National Award Silver **Title** Saula **Entrant** ABM Servicios de Comunicación **Client** Saula, S.A. **Creative Director** Jaume Anglada **Art Directors** Jaume Anglada, Maurici Palouzié
Design Group ABM Servicios de Comunicación

Design focusing on repositioning the brand 'Saula' in this professional market.

36 **Editorial**
National Award Silver **Title** Barcelona **Entrant** Grafica **Client** Barcelona City Council/Triangle Postals **Creative Director** Pablo Martin **Art Director** Pablo Martin
Designers Pablo Martin, Emmanuelle Ponty **Photographers** Pere Vives, Francisco Ontañón

37

38

37 Editorial
   National Award Gold **Title** Idees. Revista de Temes Contemporanis **Design Studio** Eumo Gràfic **Client** Centre D'Estudis de temes Contemporanis **Creative Director** Jordi Cano
   Art Directors Albert Cano, Anton Granero **Designers** Albert Cano, Anton Granero **Photographers** Tony Vidal, Manel Esclusa, Jordi Bernardó, Jordi Puig, Angel Serra

   Magazine on contemporary thought and subjects.

38 Editorial
   National Award Silver **Title** AUFGABE GESTALT **Design Studio** (bis) **Client** Consorci Del Museu De L'Empordà **Creative Directors** Álex Gifreu, Pere Álvaro
   Art Directors Álex Gifreu, Pere Álvaro **Copywriters** Glòria Cot, Gabriel, Anna Capella **Photographers** Jordi Puig, Carles Mitjà **Illustrator** Gabriel

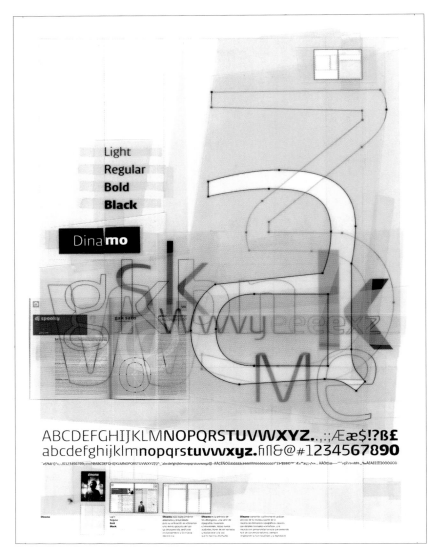

39 **Editorial**
National Award Gold **Title** Dinamo Type **Entrant** Iñigo Jerez **Client** Dinamo Magazine (Orange World) **Creative Design / Director** Iñigo Jerez **Art Director** Iñigo Jerez
Typography design for magazine "Dinamo".

SWE DEN

★ Gold for Che Guevara. See page 16

1 **Nomination   Print Advertising - Magazine Advertising**
National Award Silver **Title** US Emigration, New York 2037/The new vatican sponsors 2037/New security system, Heathrow 2037/Fashion shoot, Afghanistan 2037/ EU Presidential lottery, Brussels 2037 **Agency** Paradiset DDB **Client** Mandarina Duck **Creative Director** Joakim Jonason **Art Director** Joakim Jonason **Copywriter** Jacob Nelson **Photographer** Peter Gehrke
Artwork Patrik Andersson

2 **Nomination   Print Advertising - Magazine Advertising**
National Award Silver **Title** Capitalist **Agency** Åkestam Holst **Client** Svenska Volkswagen **Art Director** Mats Gadestam **Copywriter** Peter Laurelli

3   **Nomination   TV & Cinema Advertising - Television Commercial**
National Award Silver **Title** Punk **Agency** Hjärtsjö **Client** Länsförsäkringar **Art Director** Petros Zazanis **Copywriter** Niclas Carlsson **Film Director** Mats Stenberg
Director of Photography Pär M. Ekberg **Production Company** Pettersson & Åkerlund

It's easy to give your children a good start in life.

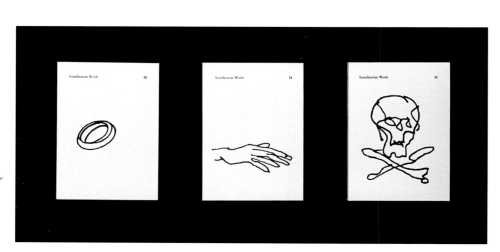

4   **Nomination   Promotion**
National Award Silver   **Title** Doorpost   **Company** BBDO Allansson Nilsson Rififi   **Client** Swedoor   **Art Director** Hans Erik Andreasson   **Copywriter** Håkan Larsson
Graphic Designer Elaine Ström   **Photographer** Björn Larsson

Welcome home! Direct marketing campaign for the largest Nordic manufacturer of front doors, Swedoor.
Posters of new doors in actual size were hung in front of old doors. When people came home from work, they were surprised at how great their house would look with a new front door.

5   **Nomination   Editorial**
National Award Silver   **Title** SAS Scandinavian Words   **Design Studio** Stockholm Design Lab   **Client** Scandinavian Airlines   **Creative Director** Björn Kusoffsky   **Art Director** Igor Kasakov
Illustrator Igor Kasakov

VOLVO V70 XC ALL-WHEEL DRIVE.

TROR DU PÅ GUD, DIN DJÄVEL?

WETTERLING GALLERY

8 **Print Advertising - Magazine Advertising**
National Award Silver **Title** Fin de Siècle **Agency** Romson **Client** Nordiska Kompaniet **Art Director** Anna Romson **Copywriter** Ola Gatby **Photographer** Carl Bengtsson

9 **Print Advertising - Magazine Advertising**
National Award Gold **Title** Library **Agency** Forsman & Bodenfors **Client** SCA Hygiene Products **Art Director** Kim Cramer **Copywriter** Jonas Enghage **Photographer** Peter Gehrke
UP & GO. For kids who can walk.

11

10 Print Advertising - Public Service/Charity
National Award Silver **Title** Cancerfonden **Agency** Calle & Olle **Client** Cancerfonden **Art Director** Olle Mattson **Copywriter** Carl Lewenhaupt **Designer** Paula Uotila

"Every person has something good inside, never forget that boys" my Dad would say to my brother and me. One day Dad got cancer. "It's probably not very serious. It will all work out, so don't you worry too much about it boys". A nurse was waiting outside Dad's room to prepare us. Even 11 years later I remember all those tubes in his nose. There were many tubes, and most of them went to his nose. Dad wasn't allowed to drink. The tubes would take care of fluid intake. It tormented Dad, so he asked me to wrap a piece of ice in a compress, and let it rest on his tongue for the coolness and to get a little moisture. My visit lasted at least 3 ice packages. Dad thanked me, & looking at me with heavy eyes, said, "Carl this probably won't end well." I replied "You're the best Dad in the world. Hang in there.... it will all work out". 7 months later, when Dad was painting the fence around his little garden, he told me that those bedside words gave him strength for a new lease of life. It would be 3 more years before the end would come. Sometimes I look back to that moment to do a kind of accounting of what I as a 41-year-old has accomplished with my time on earth. Dad managed to cheat his illness of a few year, long enough to have his 1st grandchild, host my brother's wedding, paint a fence. And more. Cancer is a lousy disease. It steals people from other people. But it did give me a special minute in life.

11 Print Advertising - Public Service/Charity
National Award Gold **Title** Save the Natural Forests **Agency** Romson **Client** Swedish Society for Nature Conservation **Art Director** Magnus Ingerstedt **Copywriter** Ola Gatby
Illustrator Michael Eriksson

Fee fie fo fum... Sweden's natural forests are under threat.

12

13

12 **TV & Cinema Advertising - Television Commercial**
National Award Gold **Title** Keys/Anthill/Not Today/The Richmonds **Agency** Storåkers **Client** Spray AB **Art Director** David Hägglund **Copywriter** Martin Marklund
Agency Producer Mary Lee Copeland **Production Company** Forsberg & Co

We want to explain the advantage of using Spray's portal (when you are surfing on the internet).

13 **TV & Cinema Advertising - Television Commercial**
National Award Silver **Title** Mr. Jim Businessman **Agency** Hollingworth/Mehrotra **Client** Canon **Creative Team** Gustav Egerstedt, Peter Fjäll **Production Company** EFTI Mainstream

14

15

14 **TV & Cinema Advertising - Television Commercial**
National Award Silver **Title** Mirror **Agency** Forsman & Bodenfors **Client** Volvo Cars Europe Marketing **Copywriters** Filip Nilsson,Oscar Askelöf **Agency Producer** Maria Bergkvist
Production Company Traktor **Director of Photography** Tim Maurice Jones

15 **TV & Cinema Advertising - Television Commercial**
National Award Silver **Title** Christmas Greeting **Agency** Romson **Client** Sweden Post **Art Director** Magnus Ingerstedt **Copywriter** Martin Bartholf **Film Director** Henrik Lagercrantz
Director of Photography Kjell Lagerroos **Production Company** EPA International

16

17

16 **TV & Cinema Advertising - Television Commercial**
National Award Silver **Title** Tennis **Agency** Forsman & Bodenfors **Client** Comviq **Art Director** Kim Cramer **Copywriter** Martin Ringqvist **Agency Producer** Maria Bergkvist
Film Director Kevin Thomas **Director of Photography** Tom McDougal **Production Company** Stink

17 **TV & Cinema Advertising - Television Commercial**
National Award Gold **Title** Sylvester **Agency** Hollingworth/Mehrotra **Client** Sylvester **Creative Team** Jon Rönström, Max Munck, Pelle Sjönell **Production Company** Pinguin Film

18

19

18 **TV & Cinema Advertising - Television Commercial**
   National Award Silver **Title** The Golfer/The Golf Quarrel/Just Another Day/Tribute to the North of Sweden **Agency** Paradiset DDB **Client** Spendrups Bryggerier AB
   Creative Directors Silla Öberg, Jacob Nelson **Art Director** Silla Öberg **Copywriter** Jacob Nelson **Agency Producer** Anna Magnusson **Production Company** Forsberg & Co

19 **Posters - Poster Advertising**
   National Award Gold **Title** Extreme - The Globe **Agency** Manne & Co **Client** Gröna Lund Tivoli **Creative Director** Oscar Bård **Art Director** Oscar Bård **Copywriter** Martin Stadhammar

20

21

20 **Posters - Poster Advertising**
National Award Silver **Title** 100% Volvo **Agency** Forsman & Bodenfors **Client** Volvo Cars Global Marketing **Art Directors** Mikko Timonen, Anders Eklind **Copywriters** Filip Nilsson, Oscar Askelöf **Photographer** Peter Gehrke

100% Volvo 0% Estate.

21 **Posters - Public Service/Charity**
National Award Silver **Title** Bullfinch/Great Tit/House Sparrow/Marsh Tit/Can you think of anyone else... **Agency** Paradiset DDB **Client** Stadmissionen **Creative Directors** Jens Englund, Andreas Lönn **Art Director** Andreas Lönn **Copywriter** Jens Englund **Art Work** Jeanette Andersson **Illustrator** Karl Aage Tingaard

22

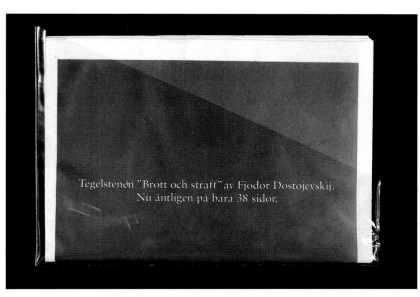

23

22 Promotion
National Award Gold **Title** Paper-Boy Recruitment **Company** Forsman & Bodenfors **Client** Göteborgs-Posten (The Göthenburg Post) **Art Directors** Staffan Forsman, Staffan Håkanson **Copywriters** Björn Engstrom, Martin Ringqvist

With challenging signs and event, Göteborgs-Posten tried to recruit "paper-boys" among the people of Gothenburg - a physically demanding, and sometimes adventurous job that means getting up at three in the morning, climbing hills and stairs, to deliver GP to subscribers homes and apartments. The campaign covered the whole city.
When the door letter slot opened, an electronic dog started barking angrily.

23 Promotion - Mailings
National Award Silver **Title** Crime and Punishment **Agency** Schumacher, Jersild, Wessman & Enander **Client** Bold Printing Group **Art Director** Marita Kuntonen **Copywriters** Mårten Knutsson, Fjodor Dostojevskij **Designer** Oscar Snidare

Headline: The great thick novel "Crime and Punishment" by Fjodor Dostojevskij. Now finally on no more than 38 pages. Headline, last page: With plenty of space, you can do what you feel like.
Tagline, last page: Bold Printing Group,. Broadsheets and Tabloids.

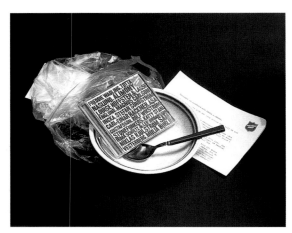

24 **Promotion - Mailings**
  National Award Silver **Title** A Blessed Collection **Agency** Force Forsman & Bodenfors **Client** The Salvation Army **Art Director** Håkan Sandsjö **Copywriter** Lars Jönsson
  Photographer Peter Boström

  "A blessed collection"-interpretation of the Salvation Army's most wanted songs. Finally a CD with a gut-feeling.

25 **Interactive Media - Internet**
  National Award Silver **Title** Recruitment Banner **Agency** Manne & Co **Client** Skandia Liv IT **Creative Directors** Martin Stadhammar, Martin Cedergren **Art Directors** Martin Stadhammar,
  Martin Cedergren **Copywriter** Martin Stadhammar **Illustrator** E-boy

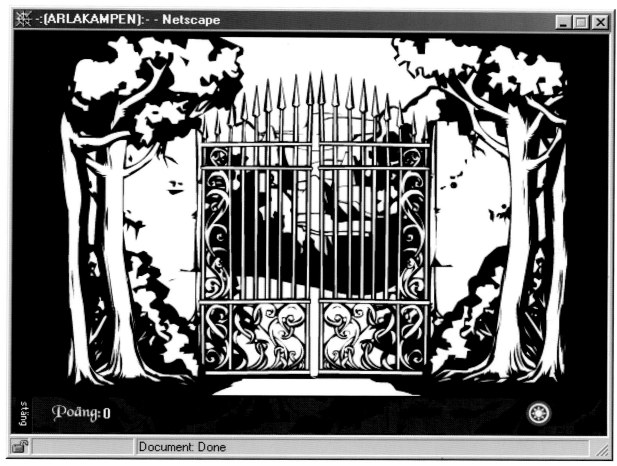

26

27

26 **Interactive Media - Internet**
National Award Silver **Title** Arlakampen **Agency** Årkestam Holst / Abel & Baker **Client** Arla **Art Director** Johan Landin **Copywriter** Mark Ardelius **Illustrator** Sara Lundberg

http://arlakampen.abelbaker.se

27 **Interactive Media - Internet**
National Award Gold **Title** Do you have the talent to become a popstar? **Agency** Starlet Deluxe **Client** Popwire **Art Director** Martin Cedergren **Designers** Per Holmqvist, Cristian Pencheff **Creators** Starlet Deluxe, Per Holmqvist

www.starletdeluxe.com/work/popwire. Popwire wanted to invite new visitors to their website, allowing new talents to sign up. The idea of the campaign is to make people take their first step in their popstar career by allowing them to create their very own tunes in the two different banners. All the tunes are saved and listed in the megachart where it is possible to listen to the other tunes and vote on the best ones on the minisites.

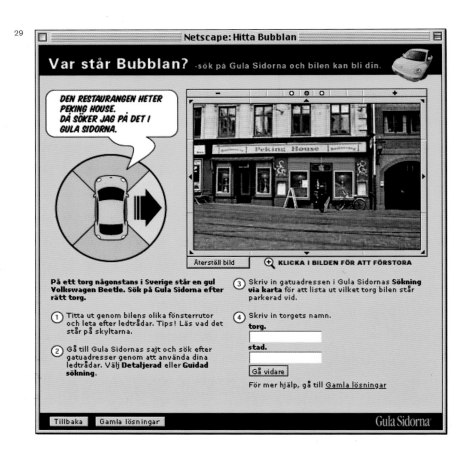

28 Interactive Media - Internet
National Award Silver **Title** Crash a Party! **Agency** Rönnberg McCann/Tesch & Tesch **Client** Telia InfoMedia Reklam **Art Directors** Hans Elander, Johan Öhrn
Copywriters Kalle Håkanson, Konrad Milton **Web Designer** Marcus Johansson **Photographer** Andreas Lind **Programmer** Christian Ubbesen **Technical Manager** Tom Eriksen

www.tesch-tesch.se/compeition/crash/. A campaign for the Swedish Yellow Pages on the Internet's shopping mall. This campaign was produced in order to create awareness for the product and was produced in Flash with accompanying sounds. Rönnberg McCann/Tesch & Tesch wanted to get people to use the various functions on the site. On the campaign-site you are invited to a party. But no party without a crash of some kind. By using the mouse you could point at different thing in the room where you could see where you could buy the item. However, when you touched some of the things with the mouse-pointer something happened. One example, was that the TV exploded. You were then called upon to replace the item with exactly the same item through finding it on the shopping-site.

29 Interactive Media - Internet
National Award Silver **Title** Where's the Beetle? **Agency** Rönnberg McCann/Tesch & Tesch **Client** Telia InfoMedia Reklam **Art Directors** Hans Elander, Johan Öhrn
Copywriters Kalle Håkanson, Konrad Milton **Web Designer** Marcus Johansson **Programmer** Christian Ubbesen **Technical Manager** Tom Eriksen

www.tesch-tesch.se/competition/beetle/. The Swedish Yellow Pages has a great internet site. Not only does it have the same excellent features as the paper version, but it also features like the entire country's compared to local paper versions, zoomable maps, route directory etc. The problem was that this was a great product that not many people knew about and if they knew, statistics showed that most of them did not use all the services provided. Solution? A competition where the 1st prize was a new yellow Volkswagen Beetle. The yellow Volkswagen Beetle was parked in 4 different street crossings in 4 different cities in Sweden. The person who could find the right street crossing through the help of the different functions available on the website could win the car. In order to find the car you would have to identify sites through the pictures taken from within the Beetle to get clues, etc. The competition was also designed so you had to use the different functions on the site. That way Rönnberg McCann/Tesch&Tesch got the participants to try all the functions. Result? 12,543 people participated in the competition in the first 2 weeks.

30

ULF ROLLOF, SWEDEN

31

30 **Graphic Design - Corporate Identity**
National Award Silver **Title** Åbro Julbock **Design Studio** Ytterborn & Fuentes **Client** Åbro Bryggeri **Creative Director** Elisabeth Årbrandt **Copywriter** Martin Kellerman
Illustrator Klas Fahlén **Art Directors** Patrik Frid, Elisabeth Årbrandt
Christmas beer for Åbro brewery.

31 **Graphic Design - Corporate Identity**
National Award Silver **Title** Ulf Rollof **Agency** Hallstedt & Hrid **Client** Ulf Rollof **Art Director** Stefan Lidström **Designer** Stefan Lidström **Photographer** D. Livingstone

iittala
FINLAND

relations
Konstantin Grcic, Germany. Annaleena Hakatie, Finland.
Harri Koskinen, Finland. Marc Newson, Australia. Carina Seth-Andersson, Sweden.

32

33

BANK
KASSÖR
SKAN
AV ANNE
ÅRNEBY

32 **Graphic Design - Corporate Identity**
   National Award Gold **Title** iittala relations **Agency** Ytterborn & Fuentes **Client** iittala **Creative Director** Oscar Fuentes **Art Director** Oscar Fuentes **Copywriter** Jan Gradvall
   Photographers Björn Keller, Johan Fowelin **Illustrator** Charlotte Hansson **Design Direction** Jonas Magnusson, Stefan Ytterborn

33 **Editorial**
   National Award Silver **Title** Bankkassörskan (The Bank Cashier) **Design Studio** Formgivare Henrik Nygren **Client** Anne Årneby **Art Director** Henrik Nygren **Designer** Henrik Nygren
   Copywriter Anne Årneby

SWIT
ZER
LAND

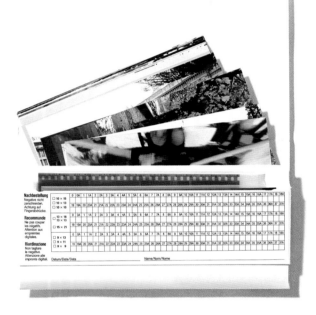

Wenn du in den Ferien auch mal so aufregende Fotos schiessen willst: 01-297 11 11. SSR TRAVEL

★
Nomination

1 **Nomination   Posters - Public Service/Charity**
National Award Silver **Title** Stop Landmines **Agency** McCann-Erickson **Client** ICRC International Committee of the Red Cross **Creative Director** Frank Bodin **Art Director** Lisa Leuch **Copywriter** Timo Kirez **Photographer** Gerry Krischker

2 **Nomination   Promotion - Mailings**
National Award Silver **Title** SSR Wrong holiday photographs **Agency** Guye + Partner **Client** SSR Travel **Creative Directors** Danielle Lanz, Markus Ruf **Art Directors** Danielle Lanz, Dominique Oberwiler **Copywriter** Markus Ruf

When back from their holidays, lots of people take their photographs to a print centre for developing and enlarging. To encourage people to book their holidays with SSR Travel, we used a photo print centre to plant different types of holiday snaps among the customer's own. So when customers were looking through their photographs they would suddenly discover three far more exciting ones: a roaring lion, a daredevil bungee jumper and a river-rafting shot. The sort of things typically encountered on an SSR holiday.

The copy made the surprise complete: "If you want your next holiday snaps to be as exciting as these, call 01/297 11 11 SSR Travel".

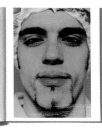

3
Nomination

4
Nomination

3 **Nomination   Graphic Design - Annual Reports, Catalogues, Calendars etc**
National Award Silver **Title** Migros Annual Report **Agency** Studio Achermann **Client** Migros - Genossenschafts - Bund **Creative Director** Beda Achermann **Art Director** Markus Bucher
Copywriter Peter Ruch **Designers** Oliver Fennel, Sibylle Moos **Photographer** Marianne Müller **Art Buyer** Beatrice Mächler

4 **Nomination   Graphic Design - Annual Reports, Catalogues, Calendars etc**
National Award Silver **Title** Bon Appétit Annual report **Agency** Studio Achermann **Client** Bon Appétit Holding AG **Creative Director** Beda Achermann **Art Director** Markus Bucher
Copywriter Peter Ruch **Designers** Oliver Fennel, Sibylle Moos **Photographer** Günther Parth **Art Buyer** Nicole Suter **Typographer** Andy Braun

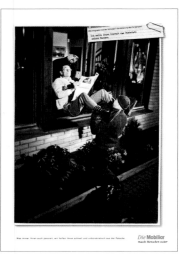

5 **Print Advertising - Newspaper Advertising**
National Award Gold **Title** TA - Magazine Accidents **Agency** Wyler Werbung **Client** Tages Anzeiger **Creative Directors** Ruedi Wyler, Markus Ruf **Art Director** Danielle Lanz
Copywriter Markus Ruf **Photographer** Sheffold & Vizner

Warning: the stories in DAS MAGAZIN may seriously damage your concentration.

6 **Print Advertising - Newspaper Advertising**
National Award Silver **Title** Records **Agency** Publicis Zürich **Client** Die Mobiliar, Bern **Creative Director** Jean Etienne Aebi **Art Director** René Sennhauser **Copywriter** Matthias Freuler
Photographer Henrik Halvarsson

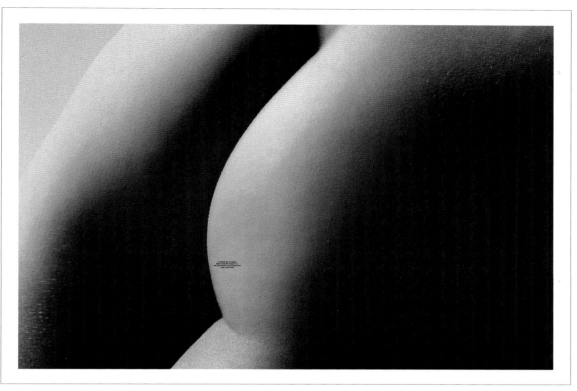

7

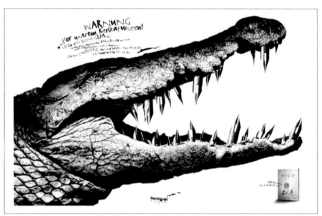

8

7 **Print Advertising - Newspaper Advertising**
National Award Silver **Title** Come closer **Agency** Advico Young & Rubicam **Client** Hakle Kimberly Schweiz GmbH **Creative Director** Martin Spillmann **Art Director** Roland Scotoni
Copywriters Stefan Ehrler, Urs Schrepfer **Photographer** David Willen

The closer you come the better it smells. Perfumed toilet paper by Hakle.

8 **Print Advertising - Newspaper Advertising**
National Award Gold **Title** The Nico Yearbook Campaign **Agency** McCann-Erickson **Client** TA Media AG **Creative Directors** Edi Andrist **Art Director** Nicolas Vontobel
Copywriter Claude Catsky

9

10

9   **Print Advertising - Newspaper Advertising**
     National Award Silver **Title** Persiflage **Agency** McCann - Erickson **Client** diAx mobile **Creative Director** Daniel Comte **Art Directors** Nicolas Vontobel, Martin Bettler, Tom Kees
     Copywriter Claude Catsky **Designer** Herbert Eigler **Photographer** Henrik Halvarsson

10   **Print Advertising - Newspaper Advertising**
     National Award Silver **Title** Carmarket **Agency** McCann - Erickson **Client** TA Media AG **Creative Director** Claude Catsky **Art Director** Nicolas Vontobel **Copywriter** Claude Catsky
     Photographer Roth & Schmid

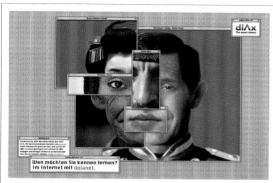

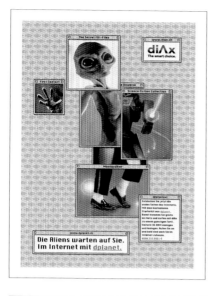

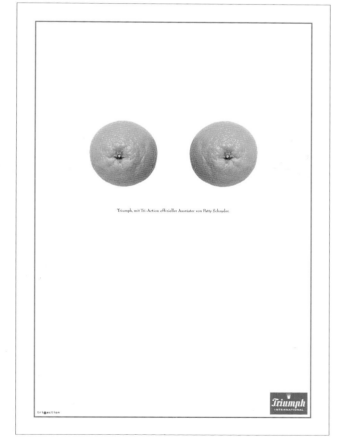

11 **Print Advertising - Newspaper Advertising**
National Award Silver **Title** diAx dplanet **Agency** Weber, Hodel, Schmid, Zurich **Client** diAx dplanet **Creative Director** Beat Egger **Art Director** Oliver Wagner
Copywriters Michael Ohanian, Thomas Ammann **Designers** Simone Joerg, Patrick Beeli

1) Who would you like to get to know? On the Internet with dplanet. 2) The latest craze from the whole world. On the Internet with dplanet. 3) Something for every master. On the Internet with dplanet. 4) Answers to all questions on faith. On the Internet with dplanet.

12 **Print Advertising - Newspaper Advertising**
National Award Silver **Title** Patty Schnyder **Agency** Wirz Werbeberatung **Client** Triumph International **Creative Director** André Benker **Art Director** Barbara Strahm
Copywriter Regula Geiser **Photographer** Harry Burst

Triumph with Tri-Action, the official sponsor for Patty Schnyder.

Sogar im Fussball findet Europa ohne uns statt. Wir bleiben dran.

Tages✶Anzeiger

Adalbert Durrer möchte Bundesrätin werden. Wir bleiben dran.

Tages✶Anzeiger

Blick-Kolumnist, Bundesrat, Olympia-Vorsitzender: Ist Ogi gedopt? Wir bleiben dran.

Tages✶Anzeiger

13

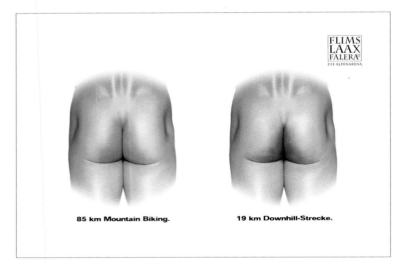

85 km Mountain Biking.   19 km Downhill-Strecke.

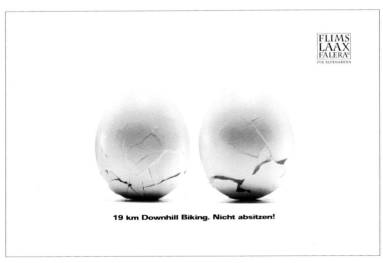

19 km Downhill Biking. Nicht absitzen!

14

13 **Print Advertising - Newspaper Advertising**
National Award Silver **Title** Tages - Anzeiger Leserwerbung **Agency** Weber, Hodel, Schmid, Zürich **Client** Tages - Anzeiger **Creative Director** Beat Egger **Art Director** Michael Rottmann **Copywriters** Markus Rottmann, Thomas Meyer, Reinhold Weber **Designer** Stefan Jösler **Account Handlers (Agency)** Judith Wick, Diego Bernardini

1) Even in football Europe takes part without us. We'll stay with it. 2) Adalbert Durrer would like to be a lady Federal Councillor. We'll stay with it. 3) Blick columnist, Federal Councillor, Olympic Chairman: is Ogi doped? We'll stay with it.

14 **Print Advertising - Magazine Advertising**
National Award Silver **Title** Downhill Biking Summer Campaign **Agency** Advico Young & Rubicam **Client** Mountain Marketing AG **Creative Director** Peter Broennimann **Art Director** Dana Wirz **Copywriter** Peter Broennimann **Designer** Patrik Rohner **Photographer** Julien Vonier

15

16

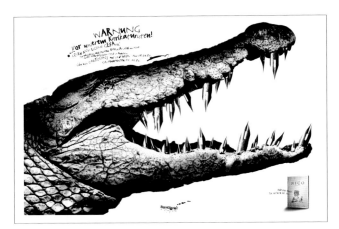

17 **Print Advertising - Magazine Advertising**
National Award Silver **Title** The Nico Image Yearbook Image Campaign **Agency** McCann - Erickson **Client** TA Media AG **Creative Director** Edi Andrist **Art Director** Nicolas Vontobel
Copywriter Claude Catsky

18 **Print Advertising - Magazine Advertising**
National Award Silver **Title** Du Evolution **Agency** Wirz Werbeberatung AG **Client** TA - Media AG **Creative Director** Hanspeter Schweizer **Art Director** Leila Hatt **Copywriter** Peter Glättli
Retouching Nora Fehr

Lessen the resemblance.

19

20

21

22

21 Print Advertising - Trade Advertising
National Award Silver **Title** Namesakes **Agency** Publicis Zürich **Client** BILANZ, Zürich **Creative Director** Jean Etienne Aebi **Art Director** Luigi Del Medico **Copywriter** Daniel Krieg **Photographer** Grund & Flum

People with a name read it. People wanting to make a name, read it anyway.

22 Print Advertising - Trade Advertising
National Award Gold **Title** Wemf **Agency** Publicis Zürich **Client** FACTS Zürich **Creative Director** Jean Etienne Aebi **Art Director** Markus Gut **Copywriter** Matthias Freuler **Photographer** Matthias Zuppiger

CANCELLED! Our planned VIP weekend in New York (including a free flight on Concorde, free accommodation at the Waldorf Astoria and free shopping at Bloomingdales) for important media managers and selected top clients has become superfluous following the good Wemf Statistics.

Again we were able to increase our circulation (now 104,462), and once again our client excursion was cancelled. What a pity! Why not enquire with a competitor who didn't do so well.

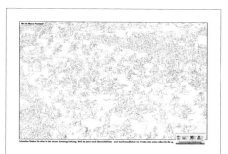

25 **Print Advertising - Trade Advertising**
National Award Silver **Title** Excuses, Winter Campaign **Agency** Advico Young & Rubicam **Client** Mountain Marketing AG **Creative Directors** Peter Broennimann, Urs Schrepfer
Art Director Dana Wirz **Copywriters** Urs Schrepfer, Peter Broennimann **Designer** Patrik Rohner

26 **Print Advertising - Trade Advertising**
National Award Silver **Title** Finnair **Agency** Guye & Partner **Client** Finnair **Creative Director** Danielle Lanz **Art Director** Danielle Lanz **Copywriter** Markus Ruf **Creative Director** Markus Ruf **Photographer** Urs Dürst

1) Don't get married in Finland on Midsummer's Day. Unless you want to spend weeks waiting for your wedding night. 2) In Finland, you can drive for hours before you see a red light.
3) We hereby declare the fishing season in Finland opened.

27

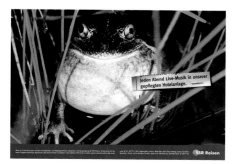

28

27 **Print Advertising - Trade Advertising**
National Award Gold **Title** SRR Travel **Agency** Guye & Partner **Client** SSR Travel **Creative Director** Danielle Lanz **Art Directors** Martina Wetzel, Dominique Oberwiler
Copywriter Markus Ruf **Photographer** Scheffold, Vizner

28 **Print Advertising - Trade Advertising**
National Award Silver **Title** Swizz Inserenten Zahnspange **Agency** Weber, Hodel, Schmid, Zürich **Client** Swizz Music Television **Creative Director** Beat Egger **Art Director** Florin Wacker
Copywriter Thomas Meyer **Designer** Patrick Beeli **Photographer** Grund und Flum **Art buyer** Maria Schönbucher **Account Supervisors** Martina Fäh, Giovanna Colucci

Start looking forward to Switzerland's first music channel for 15 - 29 year - olds. Just like media director Angélique Ingold.
Start looking forward to Switzerland's first music channel for 15 - 29 year - olds. Just like media director Felix Gretener.

29 **Print Advertising - Public Service/Charity**
National Award Silver **Title** Performing Insects **Agency** Matter & Partner **Client** Ta - Media AG / Zürcher Theater Spektakel **Art Director** Philipp Skrabal **Copywriter** Daniel Matter
Photographer Stefan Minder **Illustrator** Felix Schregenberger

At the 20th Spectacle there'll be more drama out in the open.

30 **TV & Cinema Advertising - Television Commercial**
National Award Silver **Title** Ruth Eschenmoser / Image **Agency** Wirz Werbeberatung AG **Client** Eschenmoser AG **Creative Director** André Benker **Art Director** Barbara Strahm
Copywriter Daniel Müller **Agency Producer** Kerstin Reulen **Film Director** Michael Fueter **Director of Photography** Lukas Strebel **Production Company** Condor Films AG

Die neue Frühlingsmode ist da. Glatt

Ausverkauf im Glatt.   **22.6.– 4.7.**

Jeden Samstag Verlängerung bis 17 Uhr. Glatt

31

beldoro
Goldschmuck.

Bei uns können Sie sich eben etwas mehr leisten.

32

31 Posters - Poster Advertising
   National Award Silver **Title** Glatt **Agency** Wyler Werbung **Client** Shopping Centre Glatt, Glattbrugg **Creative Directors** Ruedi Wyler, Markus Ruf **Art Director** Thomas Geissberger **Copywriter** Markus Ruf **Photographer** Nicolas Monkewitz

   1) The New Spring fashions have arrived. Glatt. 2) Sale at Glatt. 3) Extended Shopping every Saturday till 5. Glatt.

32 Posters - Poster Advertising
   National Award Silver **Title** Beldoro **Agency** Wyler Werbung **Client** Beldoro AG **Creative Directors** Ruedi Wyler, Danielle Lanz **Art Director** Simone Fennel **Copywriter** Markus Ruf **Photographer** Sheffold, Vizner

   Buy your gold jewellery at Beldoro and you can afford little more.

33 Posters - Poster Advertising
National Award Gold **Title** Angie Becker **Agency** Publicis Zürich **Client** APG, Allgemeine Plakatgesellschaft, Winterthur **Art Director** Markus Gut **Copywriter** Matthias Freuler
Photographer Sven Bänziger

Who knows Angie Becker? Angie Becker proves: Instant fame through APG billboards.
APG is provider of billboard spaces. The campaign "Angie Becker" proves impressively how much awareness billboards can create. In the two weeks teasing period (Who is Angie Becker?)
all media including TV were wondering and reporting. After the revealing step (Angie Becker proves...) 78% of public precisely remembered the campaign at its conclusion.

34 Posters - Poster Advertising
National Award Silver **Title** Widerbikes **Agency** Publicis Zürich **Client** Sportplausch Wider Wallisellen **Creative Directors** Markus Gut, Markus Ruf

"Chamois - Buck": Beware: The Mountain Bikers are coming! "Grandma": Beware: The City Bikers are coming!

35

36

35 Posters - Poster Advertising
National Award Silver **Title** Martini - shaken not stirred **Agency** McCann-Erickson Geneva **Client** Bacardi - Martini **Creative Director** Frank Bodin **Copywriter** Carine Bluemlein

Either shake this poster or use the trampoline. Cheers.

36 Posters - Poster Advertising
National Award Silver **Title** Oh - Legs Big Fashion Campaign **Agency** Guye & Partner **Client** BIG Fashion **Creative Director** Danielle Lanz **Art Directors** Danielle Lanz, Dominique Oberwiler **Copywriter** Markus Ruf, Petra Buttinghole **Creative Director** Markus Ruf, **Photographer** Scheffold, Vizner, Clara Tuma

Fashion for women with "Oh-legs" (This copy is based on an untranslatable pun in the German: Someone with "o-Beine" has bandy legs. Ohhhh, here, of course refers to the fact that the woman has gorgeous legs.)

Meter - maid style shirt: for anybody who wants to tow the guys away. (This copy is based on an untranslatable pun in the German. "Abschleppen" means "tow away" in the literal sense but also in the sense of "pick up guys.")

Switzerland

151

37 **Posters - Poster Advertising**
National Award Gold **Title** Arena - Bodybuilding **Agency** Guye & Partner **Client** Arena dance & exercise classes **Creative Directors** Danielle Lanz, Markus Ruf
Art Director Danielle Lanz **Copywriter** Markus Ruf

Win one year's strenght training. Simply hand in this coupon at Arena 225.

38 **Posters - Poster Advertising**
National Award Silver **Title** Test Section **Agency** Guye & Partner **Client** Big Fashion **Creative Director** Danielle Lanz **Art Director** Dominique Oberwiler **Copywriter** Petra Bottignole

To enable BIG customers to test the effect their clothes were having on the opposite sex, the Agency placed stickers on the ground between the tables outside Zurich's coolest cafés and restaurants. The stickers were intentionally provocative and read [literally]: "Official test section for our sexy outfits".)

39

40

Wer wird an der Urne begraben? Wir bleiben dran.

Tages✠Anzeiger

Der Schweizer Nachrichtendienst ist etwa so diskret wie dieses Plakat. Wir bleiben dran.

Tages✠Anzeiger

Oerlikon-Bührle verkauft die Waffenschmiede ins Ausland. Wird die Schweiz jetzt neutral? Wir bleiben dran.

Tages✠Anzeiger

39 Posters - Poster Advertising
National Award Silver **Title** W,H,S, Eröffnung Berlin **Agency** Weber, Hodel, Schmid, Zürich **Client** W.H.S Berlin **Creative Director** Bernhard Schmid **Art Director** Michael Rottman **Copywriters** Beat Egger, Markus Rottman **Art Directors** Nina Thoenen, Florin Wacker **Copywriters** Christine Bohnke, Natascha Posch

1) Entry to this building site is allowed. 2) To the German people. 3) SPD: 298 seats, CDU: 198 seats, W,H,S,1 seat.

40 Posters - Poster Advertising
National Award Silver **Title** Tages - Anzeiger Leserwerbung **Agency** Weber, Hodel, Schmid, Zürich **Client** Tages - Anzeiger **Creative Director** Beat Egger **Art Director** Michael Rottmann **Copywriters** Markus Rottmann, Thomas Meyer, Reinhold Weber **Designer** Stefan Jösler

1) Who is being buried at the ballot box? 2) This ad is discreet as the Swiss intelligence service. We'll stay with it. 3) Oerlikon-Bührle sells the armoury to a foreign country. Will Switzerland now be neutral? We'll stay with it.

41 **Posters - Public Service/Charity**
National Award Silver **Title** Outdoor Theatre Festival **Agency** Matter & Partner **Client** TA-Media AG / Zürcher Theater Spektakel **Art Director** Philipp Skrabal **Copywriter** Daniel Matter **Photographer** Stefan Minder **Illustrator** Felix Schregenberger

At the 20th Spectacle there'll be more drama out in the open.

42 **Promotion**
National Award Silver **Title** Tres Kilos "Exit" **Agency** Honegger / Von Matt **Client** Restaurant Tres Kilos, Mexican Food **Creative Director** Daniel Meier **Art Director** Charles Blunier **Copywriter** Christoph Von Arb

43

44

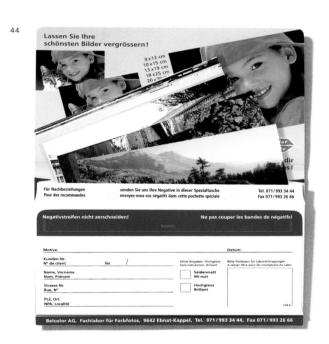

43 **Promotion**
  National Award Silver **Title** Missing pets **Agency** Matter & Partner **Client** Tribis **Creative Director** Daniel Matter **Art Director** Philipp Skrabal **Copywriter** John Leuppi
  Photographer Urs Wyss

  Dog missing. Bird flown away. Cat run away.

44 **Promotion**
  National Award Silver **Title** Graubünden Ferien Herbst "Belcolour - Foto". **Agency** Weber, Hodel, Schmid, Zürich **Client** Graubünden Ferien **Product** Graubünden **Creative Director**
  Beat Egger **Art Director** Oliver Wagner **Copywriter** Dominik Imseng **Designer** Sasha Huber **Photographer** Reinhard Eisele

  Sorry if we've taken the shine out of your snaps.

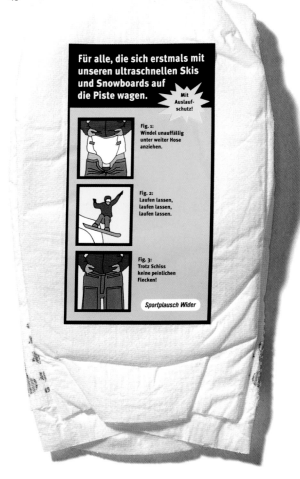

46

45 Promotion - Mailings
National Award Silver **Title** Napkin **Agency** Publicis Zürich **Client** Sportplausch, Wider Wallisellen **Creative Directors** Markus Gut, Markus Ruf

For all those who dare going on the ski trail with one of our ultra - fast skis and snowboards. With leak protection! fig1: Wear diaper discreetly under wide pants. fig 2: Let go, let go, let go. fig 3: Despite fear, no embarrassing stains!

46 Promotion - Mailings
National Award Gold **Title** Bayer Gyno Canesten Microscope **Agency** Wirz Werbeberatung AG **Client** Bayer (Schweiz) AG **Creative Director** Hanspeter Schweizer
Art Director Vanessa Savarè **Copywriter** Serge Deville

Bayer has new information on vaginal thrush. See for yourself.

This mailing has been sent to pharmacists. Looking at the plate through a microscope, they discovered the message:
"Gyno Canesten may be sold onwards in pharmacies without prescription."

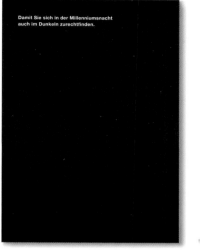

WIRZ

47

48

47 Promotion - Mailings
National Award Gold **Title** Millennium Christmas card **Agency** Wirz Werbeberatung **Client** Wirz Werbeberatung AG **Creative Director** Matthias Freuler **Art Director** Rolf Kälin
Copywriters Matthias Freuler, Jürg Zentner **Designer** Barbara Hartmann

Find your way in the dark during millennium night.

48 Graphic Design - Corporate Identity
National Award Silver **Title** Seefeld - Reisen **Agency** CODE. Werkstatt Für Grafik **Client** Seefeld - Reisen **Creative Directors** Reto Gehrig, Daniel Donati **Art Director** Reto Gehrig

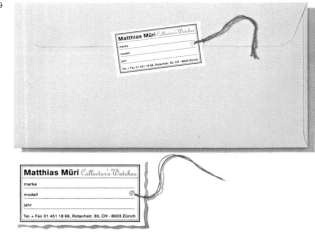

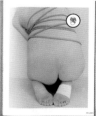

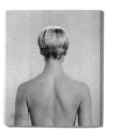

49 Graphic Design - Corporate Identity
National Award Silver **Title** Mathias Müri Collector Watches Ci **Agency** Paolo Tonti Creative Projects **Client** Mathias Müri Collector watches **Creative Director** Paolo Tonti
Art Director Paolo Tonti **Designer** Paolo Tonti

50 Editorial
National Award Gold **Title** The Skin I'm in **Agency** CODE. Werkstatt Für Grafik **Client** Joan Billing, D-beitiplomar Für Körper & Kleid **Creative Directors** Daniel Donati, Reto Gehrig
Art Director Jens Müller **Copywriter** Thomas Campolongo **Designers** Daniel Donati, Reto Gehrig, Jens Müller **Photographers** Pierluigi Macor, Serge Höltschi, Adrian Fritschi, Oliver Nanzig
Illustrators Aldo Todaro, Bert Moubrechts, Kai Jünemann, Daniele Buetti, Eva Wolfensberger

UNITED KING DOM *★ ★*

★ Grand Prix for Surfer. See page 12

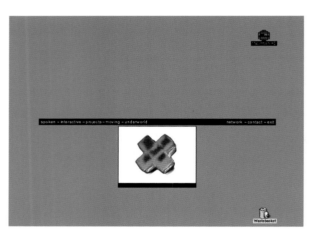
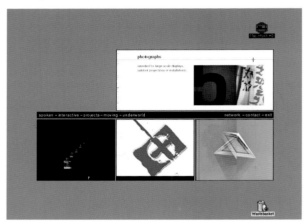
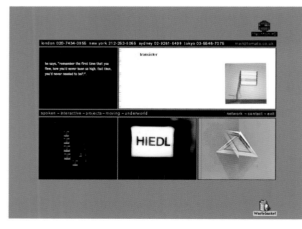
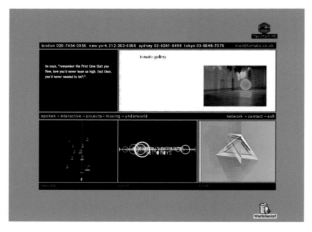

1 **Nomination** **Promotion - Mailings**
National Award Silver **Title** Tom Jones Mailing **Design Studio** Tucker Clarke Williams Creative **Client** Granada Media **Design Director** Phil Skegg **Designers** Dave Simpson, Dave Palmer, Phil Skegg **Copywriters** Sue Strange, Dave Simpson **Cardboard Engineer** Debbie Morris **Retoucher** Dave Black

2 **Nomination** **Interactive Media - Distributed Media (CD ROMs, DVDs etc)**
National Award Silver **Title** Tomato Three **Design Studio** Tomato **Client** Tomato **Design Director** Tom Roope **Technical Direction** Tomato Interactive **Graphic Design** Tomato Interactive **Programmers** Anthony Rogers, Andy Allenson, Joel Banmann **Video Producer** Tomato Films **Sound Engineers** Underworld **Music Composers** Underworld, Bungalow with Stairs
Production Manager Elizabeth Thornton

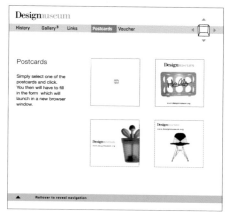

3 **Nomination   Interactive Media - Internet**
National Award Silver **Title** Design Museum Website **Design Studio** Deepend **Client** Design Museum **Creative Director** Simon Waterfall **Design Director** Fred Flade
Interactive Designer Fred Flade **Graphic Designer** Fred Flade **Programmer** Gabriel Bucknall

4 **Nomination   Graphic Design - Annual Reports, Catalogues, Calendars etc**
National Award Silver **Title** Now Wash Your Hands of the 20th Century **Design Studio** The Partners **Client** Thrislington **Design Director** Greg Quinton **Designer** Tony de Ste Croix
Illustrator Tony de Ste Croix **Typographer** Tony de Ste Croix **Designers** Steve Owen, Martin Lawless

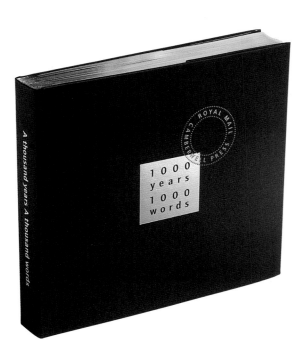

5 **Nomination   Graphic Design - TV Graphics (max 3 mins)**
National Award Silver **Title** PlayStation Sponsorship Credits **Agency** TBWA **Client** Sony PlayStation **Art Director** Graham Cappi **Creative Director** Trevor Beattie **Copywriter** Alan Mosely
Agency Producer Tracie Stokes **Director** Stuart Douglas **Producer** Adam Lyne **Production Company** Four Hundred Films **Music Composer/Arranger** Rohan Young + Scramble
Lighting Camera Stuart Douglas **Editor** Tim Thornton

6 **Nomination   Editorial**
National Award Silver **Title** A Thousand Years, A Thousand Words **Design Studio** Trickett & Webb **Clients** The London Institute, Royal Mail **Design Directors** Lynn Trickett, Brian Webb
Designers Katja Thielen, Brian Webb, Lynn Trickett **Copywriter** Michael Benson **Image Makers** Craigie Aitchison, Zafer and Barbara Baran, Peter Blake, Peter Brookes, John Bryne,
Ray Harris Ching, Peter Collingwood, Richard Cooke, Christopher Corr, Michael Craig-Martin, Mark Curtis, Andrew Davidson, Mike Dempsey, Allan Drummond, Sara Fanelli, Jeff Fisher,
David Gentlemen, Antony Gormley, Colin Gray, George Hardi, David Hockney, Howard Hodgkin, Peter Howson, Allen Jones, Rod Kelly, Natasha Kerr, Alan Kitching, Andrzej Klimowski,
John Lawrence, Susan MacFarlane, Don McCullin, Wilson McLean, Clare Melinsky, Lisa Milroy, Brendan Neiland, Brody Neuenschwander, Edaurdo Paolozzi, Gary Powell, Bridget Riley,
Bill Sanderson, Snowdon, Ralph Steadman, Tessa Traeger, David Tress, Mike White, Christopher Wormell, Catherine Yass.

7 **TV & Cinema Advertising - Television Commercial**
National Award Gold **Title** Surfer **Agency** Abbott Mead Vickers.BBDO **Client** Guinness **Director** Jonathan Glazer **Copywriter** Tom Carty **Art Director** Walter Campbell
Creative Director Peter Souter **Producer** Nick Morris **Production Company** Academy **Agency Producer** Yvonne Chalkley **Editor** Sam Sneade **Lighting Camera** Ivan Bird
Music Composers/Arrangers Paul Daley, Neil Barnes **Music Consultant** Peter Raeburn **Sound Designer** Johnny Burns **Post Production** The Computer Film Company

8 **TV & Cinema Advertising - Television Commercial**
National Award Silver **Title** Bet On Black **Agency** Abbott Mead Vickers.BBDO **Client** Guinness **Creative Director** Peter Souter **Copywriter** Tom Carty **Art Director** Walter Campbell
Director Frank Budgen **Production Company** Gorgeous **Producer** Paul Rothwell **Music Composer/Arranger** Antar Daly **Editor** Paul Watts **Agency Producer** Yvonne Chalkley
Lighting Camera Peter Biziou **Post-Production** The Mill

9

10

9 **TV & Cinema Advertising - Television Commercial**
National Award Silver **Title** Mental Wealth **Agency** TBWA **Client** Sony Playstation **Director** Chris Cunningham **Copywriter** Trevor Beattie **Art Director** Bill Bungay
Creative Director Trevor Beattie **Producer** Ciny Burnay **Production Company** RSA Films **Agency Producer** Diane Croll **Editor** Tony Kearns **Lighting Camera** Chris Cunningham
Set Designer Chris Oddy **Post Production** The Mill

10 **Promotion**
National Award Design Studio **Title** Now Wash Your Hands of the 20th Century **Design Studio** The Partners **Client** Thrislington **Design Director** Greg Quinton
Illustrator Tony de Ste Croix **Typographer** Tony de Ste Croix **Designers** Steve Owen, Martin Lawless, Tony de Ste Croix

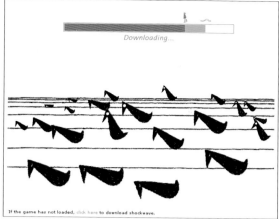

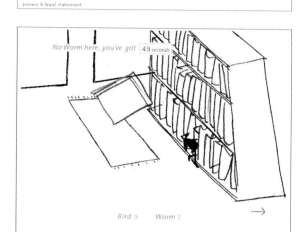

12

11 Interactive Media - Internet
National Award Silver **Title** Bird Game **Design Studio** AKA Pizazz **Client** Compaq **Creative Director** Philip Hunt **Creative/Design Directors** Neil Churcher, Phillip Hunt
Technical Directors Neil Churcher, Philip Hunt **Interactive Designers** James Stone, Javier Garcia - Flynn **Graphic Designers** James Stone, Grant Orchard
Programmers Javier Garcia-Flynn, James Stone **Copywriter** John Webster **Illustrator** Grant Orchard **Video Producer** Sue Goffe **Video Directors** Mario Cavalli, Dominic Griffiths,
Grant Orchard **Production Manager** Sue Goffe

12 Graphic Design - Corporate Identity
National Award Silver **Title** BBC Corporate Identity **Design Studio** Lambie-Nairn **Client** BBC Television **Design Director** Martin Lambie-Nairn **Designers** Adrian Burton, Gary Holt,
Gareth Mapp **TV Design Directors** Charlotte Castle, Jason Keeley

13

14

13 Graphic Design - Corporate Identity
National Award Silver **Title** Models 1 Identity **Design Studio** The Partners **Client** Models 1 **Design Director** Nina Jenkins **Designers** Rob Howsam, Tony de Ste Croix, Annabel Clements
Typographer Angela Hughes

14 Graphic Design - Annual Reports, Catalogues, Calendars etc
National Award Silver **Title** Millennium Stamps **Design Studio** CDT Design **Client** Royal Mail **Design Directors** Mike Dempsey, Barry Robinson, Jane Ryan, Simon Elliot
Copywriter Phillip Parker **Typographers** Mike Dempsey, Simon Elliot **Image Makers** Craigie Aitchison, Zafer and Barbara Baran, Peter Blake, Peter Brookes, John Bryne, Ray Harris Ching,
Peter Collingwood, Richard Cooke, Christopher Corr, Michael Craig-Martin, Mark Curtis, Andrew Davidson, Mike Dempsey, Allan Drummond, Sara Fanelli, Jeff Fisher, David Gentlemen,
Antony Gormley, Colin Gray, George Hardi, David Hockney, Howard Hodgkin, Peter Howson, Allen Jones, Rod Kelly, Natasha Kerr, Alan Kitching, Andrzej Klimowski, John Lawrence,
Susan MacFarlane, Don McCullin, Wilson McLean, Clare Melinsky, Lisa Milroy, Brendan Neiland, Brody Neuenschwander, Edaurdo Paolozzi, Gary Powell, Bridget Riley, Bill Sanderson, Snowdon,
Ralph Steadman, Tessa Traeger, David Tress, Mike White, Christopher Wormell, Catherine Yass.

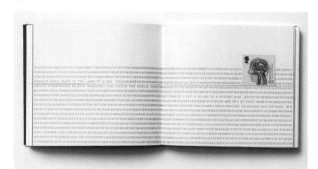

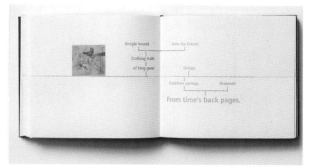

15 **Graphic Design - Annual Reports, Catalogues, Calendars etc**
National Award Silver **Title** Tom Jones Mailing **Design Studio** Tucker Clarke Williams Creative **Client** Granada Media **Design Director** Phil Skegg **Designers** Dave Simpson, Dave Palmer, Phil Skegg **Copywriters** Sue Strange, Dave Simpson **Retoucher** Dave Black **Cardboard Engineer** Debbie Morris

16 **Graphic Design - Annual Reports, Catalogues, Calendars etc**
National Award Silver **Title** A Thousand Years, A Thousand Words **Design Studio** Trickett & Webb **Clients** The London Institute, Royal Mail **Design Directors** Lynn Trickett, Brian Webb **Designers** Katja Thielen, Brian Webb **Copywriter** Michael Benson **Image Makers** Craigie Aitchison, Zafer and Barbara Baran, Peter Blake, Peter Brookes, John Bryne, Ray Harris Ching, Peter Collingwood, Richard Cooke, Christopher Corr, Michael Craig-Martin, Mark Curtis, Andrew Davidson, Mike Dempsey, Allan Drummond, Sara Fanelli, Jeff Fisher, David Gentlemen, Antony Gormley, Colin Gray, George Hardi, David Hockney, Howard Hodgkin, Peter Howson, Allen Jones, Rod Kelly, Natasha Kerr, Alan Kitching, Andrzej Klimowski, John Lawrence, Susan MacFarlane, Don McCullin, Wilson McLean, Clare Melinsky, Lisa Milroy, Brendan Neiland, Brody Neuenschwander, Eduardo Paolozzi, Gary Powell, Bridget Riley, Bill Sanderson, Snowdon, Ralph Steadman, Tessa Traeger, David Tress, Mike White, Christopher Wormell, Catherine Yass.

167   UK

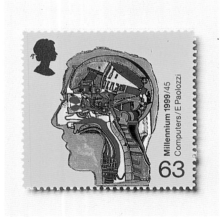

17

17 Illustration & Photography - Illustration
National Award Silver **Title** Millennium Stamps **Design Studio** CDT Design **Client** Royal Mail **Design Directors** Mike Dempsey, Barry Robinson, Jane Ryan, Simon Elliot
Copywriter Phillip Parker **Typographers** Mike Dempsey, Simon Elliot **Image Makers** Craigie Aitchison, Zafer and Barbara Baran, Peter Blake, Peter Brookes, John Bryne, Ray Harris Ching,
Peter Collingwood, Richard Cooke, Christopher Corr, Michael Craig-Martin, Mark Curtis, Andrew Davidson, Mike Dempsey, Allan Drummond, Sara Fanelli, Jeff Fisher, David Gentlemen,
Antony Gormley, Colin Gray, George Hardi, David Hockney, Howard Hodgkin, Peter Howson, Allen Jones, Rod Kelly, Natasha Kerr, Alan Kitching, Andrzej Klimowski, John Lawrence,
Susan MacFarlane, Don McCullin, Wilson McLean, Clare Melinsky, Lisa Milroy, Brendan Neiland, Brody Neuenschwander, Edaurdo Paolozzi, Gary Powell, Bridget Riley, Bill Sanderson, Snowdon,
Ralph Steadman, Tessa Traeger, David Tress, Mike White, Christopher Wormell, Catherine Yass.

STU
DEN
TS

European Student of the Year
Title Portfolio **Student** Roel Mos **University** Academy Minerva & Hallo **Course** Graphic Design **Country** Netherlands

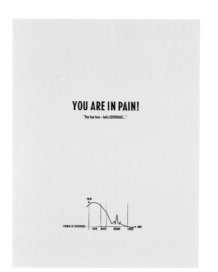

Title "Respect"/Master piece Join the Lovesick Society" **Student** Axl Krempler **University** University of Applied Arts **Course** Graphic Design **Country** Austria

Organisation against media-voyeurism. Join the lovesick society.

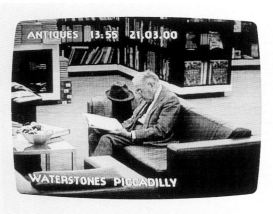

Title "Waterstones" **Student** Marion Reilly **University** Central St. Martins School of Art & Design **Course** Graphic Design **Country** UK

A series of images illustrating the fact that "Waterstones" book shop in Piccadilly, London is 'more than just a book store'.

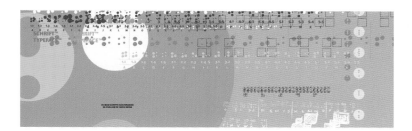

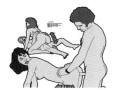

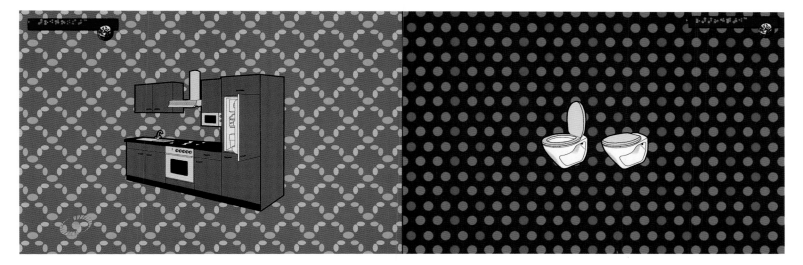

Title London-Manchester Shuttle **Student** Dario Solina **University** Accademia Di Comunicazione **Course** Advertising-Copywriting **Country** Italy

Title The Commercialisation of the Humanz **Student** Andreas Wegner **University** Fachhochschule Mainz **Course** Graphic Design **Country** Germany

The Commercialisation of the Humanz™ shows the human race as a product. The Humanz™ are offered in a travel agency of the state on a extra-terrestrial planet. The planet earth contains a variety of relaxation matters for ET's that are possible for them to live in a human look-a-like body. The brochures, that are similar to the one we know from earth, are all in the native language of the visitors.

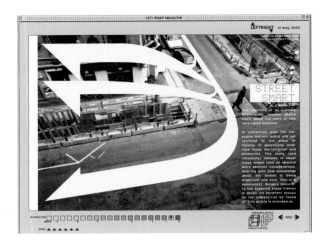

Title Left Right **Student** Robert Ahlborg **School** RMI-Berghs School of Communication **Course** Editorial Design **Country** Sweden

Site is aimed at graphic design students and young designers containing editorial material on design, art etc. with personal portfolio space and project space on which international design schools can collaborate.

INDEX

eurocreative.net

S&J 001.049 BM

Mercedes-Benz is first to

▶ As Mika Hakkinen once said, "The most important part of a sports car isn't the engine. It's the brakes." A thought from the twice Formula 1 world champion that we've taken to heart. We're the first car manufacturer in the world to fit ceramic brakes to a production car. Developed for exceptionally short braking distances, and superlative responsive-

bring you ceramic brakes.

ness, our new C-BRAKE is lightweight and almost immune to wear and tear. So if you want to take a closer look at a CL 55 AMG Formula 1 Limited Edition, it's advisable to wait until it's stopped moving. Find out more at www.mercedes-benz.com.

Mercedes-Benz
The Future of the Automobile.

stone

New photography

www.tonystone.com
888914-001 Angela Wyant

Our creative research sifts and sieves until the weight and sparkle of condensed intelligence about life, about communication, emerges. On this bed of data we conceive ideas. Working with leading photographers around the world our art directors and creative departments develop the shoots that result in the constant stream of images that come through our editing. Keyworded, loaded and uploaded, they are presented for remaking, remodelling.

If you know the rules you can win the game.

MEETING

The chief creative is not amused. Don't give up. Go back to the start.

Lucky you!
Your new breathtaking campaign has been placed in the *stern*-magazine and gets ADC-gold. You won. Play again.

The client looks at your new campaign idea and stops breathing. A good or a bad sign? Wait one turn.

You stole an idea and got caught. Get embarrassed and go to prison without a medal.

You are full of enthusiasm. All you need now is an outstanding campaign idea.

Der Stern bewegt.

Fininta Paris, presidente Banca Mediolanum.

Banca Mediolanum, Ivan Bartos, BGS D'Arcy.

BancaPosta, Massimo Magri, Euro RSCG.

Clio Max, Agostino Toscana, Saatchi & Saatchi.

Telecom 187, Marcello Cesena, Armando Testa.

Nuovo Fiat Punto, Eric Saarinen, Leo Burnett.

Milano - Via Brera 4 - Tel + 39 02 8901135/4 - Fax + 39 02 89011915 - Email: harold@harold.it

agency **armando testa** client **barilla alimentare** director **marcus nispel**	**1**
agency **no** client **diadora** director **federico brugia**	**2**
agency **d'adda, lorenzini, vigorelli,bbdo** client **davide campari milano** director **joakim eliasson**	**3**
agency **bates italia** client **vitaminic** director **nick jones**	**4**
agency **bgs d'arcy** client **fiat auto** directors **bosi+sironi**	**5**
agency **mc cann erickson italiana** client **sagit** director **joakim eliasson**	**6**

brw

directors represented exclusively in italy:

**michael abel • brian baderman • agust baldursson • marcus blunder • bosi+sironi
moshe brakha • federico brugia • eddy chu • alessandro d'alatri • leslie dektor
paul dektor • joakim eliasson • mandie fletcher • bob giraldi • henrik klokker
thed lenssen • pucho mentasti • francesco nencini • marcus nispel
alessandra pescetta • charley stadler • tarsem • lourens van rensburg
thomas villum jensen • paul vos • kasper wedendahl • martin werner**

brw & partners srl - via savona, 97 - 20144 milan - tel. 02.424121 - fax 02.4241270
via del babuino, 79 - 00187 rome - tel. 06.3244178 - fax 06.3243503
http://www.brwpartners.com - info@brwpartners.com